Reiki:
O Toque Definitivo

Este livro é dedicado ao **Dr. Usui**, que revelou o caminho,
e a **Narayan**, que o trilha junto comigo todos os dias.

Paula Horan
com a colaboração de Narayan Choyin Dorje

Reiki:
O Toque Definitivo

Compreenda a Medicina Energética
21 Ciclos de Cura para o Completo Autofortalecimento

Tradução
MARCELO BRANDÃO CIPOLLA

EDITORA PENSAMENTO
São Paulo

Título do original: *The Ultimate Reiki Touch.*

Publicado mediante acordo pela Schneelöwe Verlagsberatung & Verlag GmbH, D-87648 — Aitrang / Alemanha.

Organizado por Matthias Dehne.

Este livro apresenta informações e técnicas que têm sido usadas há muitos anos. As práticas usam um sistema natural inerente ao corpo/mente. No entanto, o autor não pode garantir sua eficácia. A informação oferecida é fundamentada em muitos anos de experiência e deve ser usada pelo leitor segundo o seu próprio entendimento. Como as circunstâncias de vida das pessoas são diferentes, e se desenvolvem em diferentes estágios de crescimento interior, as mesmas regras não servem para todos. Em caso de dúvida, aconselhamos o leitor a buscar conselho profissional, especialmente com relação a quaisquer sintomas que possam exigir um diagnóstico ou cuidados médicos. O autor e editor deste livro não se responsabilizam de nenhum modo por nenhum dano que possa ocorrer por seguir as instruções apresentadas neste livro.

O primeiro número à esquerda indica a edição, ou reedição, desta obra. A primeira dezena à direita indica o ano em que esta edição, ou reedição, foi publicada.

Edição	Ano
2-3-4-5-6-7-8-9-10-11	04-05-06-07-08-09-10-11

Direitos de tradução para a língua portuguesa
adquiridos com exclusividade pela
EDITORA PENSAMENTO-CULTRIX LTDA.
Rua Dr. Mário Vicente, 368 — 04270-000 — São Paulo, SP
Fone: 6166-9000 — Fax: 6166-9008
E-mail: pensamento@cultrix.com.br
http://www.pensamento-cultrix.com.br
que se reserva a propriedade literária desta tradução.

Impresso em nossas oficinas gráficas.

Sumário

Agradecimentos

Este livro é dedicado ao Dr. Mikao Usui, que tornou tudo isto possível. Como é óbvio, nós não nos conhecemos pessoalmente, mas existe um vínculo de amor e compromisso que vence as barreiras imaginárias do tempo e do espaço. O Dr. Usui passa a fazer parte da vida de todos os praticantes sérios de Reiki. Através dos seus diários, há pouco reencontrados, ele agora fala diretamente conosco, com palavras de razão, moderação e compaixão. Sou eternamente grata pelas transformações desencadeadas por esse médico tão gentil e bondoso.

Minha gratidão pelo Dr. Usui estende-se naturalmente à minha própria mestra de Reiki, Kate Nani, que me introduziu na linhagem. Sem a devoção de Kate, sem a sua habilidade como professora, sem o seu modo todo próprio de transmitir a essência da energia, o Reiki jamais teria se tornado o caminho que escolhi para a minha vida.

Meu coração se dirige agora à doce memória e à eterna presença de Papaji, verdadeiro Sat-Guru e excelente amigo. Em Sua realização infinita, Ele partilhou comigo tudo aquilo que é Real — e também tudo o que não é. Trata-se de uma dádiva verdadeiramente inestimável, incomparável, que me foi dada com Amor incondicional e inspirou a chama do Amor a continuar alastrando-se pelo nosso mundo. Quero também agradecer a Acharya Dawa Chhodak, que veio se juntar a toda uma linhagem de incríveis mestres que tive a sorte de conhecer no decorrer da minha jornada. Encarna ele a sabedoria e a compaixão da não-dualidade de maneira verdadeiramente humilde e bem-humorada. Lama Dawa ensinou-me o verdadeiro significado da *sadhana,* e está ajudando a fazer crescer e frutificar a semente plantada por Papaji.

É difícil expressar em palavras a gratidão que sinto por Narayan, marido, alma gêmea e companheiro nesta viagem sem fim rumo a um bem maior. Para que eu terminasse este livro, ele não se limitou a me ajudar com seus belos e inspiradores poemas. Generosamente, partilhou também sua capacidade editorial e seus meditados conselhos. Mais uma vez, me ofereceu seu pleno apoio desde a primeira concepção do projeto até a redação final do manuscrito; nunca me impôs nada, mas, toda vez que sentiu que uma teimosia construtiva se fazia necessária, insistiu apaixonada e obstinadamente em certas mudanças! E como se tudo isso não bastasse, quando estávamos em casa à noite, ele punha em ação a sua famosa capacidade culinária e me oferecia os pratos de sua esplêndida cozinha.

Muito obrigada também a Santosh Krinsky, que foi extremamente prestativo e, sem pedir nada em troca, ofereceu seu conhecimento e seu trabalho para que o livro fosse finalmente publicado numa edição internacional em inglês, chegando assim a um número muito maior de leitores. Sempre tive o maior prazer em trabalhar com ele e com sua equipe entusiasmada e solícita.

Em último lugar na lista, mas não no coração, agradeço a todos os meus amigos e entes queridos, numerosos demais para serem mencionados isoladamente, que em muitas partes do mundo nos deram hospedagem e prestaram seu auxílio a mim e a Narayan no nosso caminhar. Sem eles, este livro jamais poderia ter sido escrito.

Paula Horan

A Consciência é a Chave da Saúde, da Felicidade e da Liberdade

Todos os praticantes do Método Usui de Cura Natural constatam desde o início que o Reiki intensifica a consciência: aprofunda a nossa capacidade de sentir e perceber, aumentando a nossa sensibilidade em geral. O desafio, portanto, é o de abrir verdadeiramente o coração, a mente, o corpo e os corpos sutis para nos tornarmos capazes de receber plenamente a Energia Universal da Força Vital — de modo que ela possa nos transformar e nós possamos nos render a essa transformação. Assim, na inseparabilidade de corpo, mente e força vital, nós acabamos por perceber a Verdade do Nosso Ser.

Desse modo, o Reiki, que é uma técnica simples de cura e autocura pela imposição das mãos, torna-se um caminho de intensificação do amor e da consciência. Entretanto, nesse caminho, ao contrário do que acontece com caminhos mais tradicionais como o zen, a meditação vipassana ou o dzogchen, não existem tantos marcos indicativos. Todo caminho espiritual tradicional tem uma estrutura clara, que resistiu à prova do tempo, muito embora no começo essa estrutura não seja evidente. Até mesmo os caminhos tradicionais mais "espontâneos", como o zen e o dzogchen, que visam a libertação como bem supremo, são altamente estruturados. Exigem do praticante um equilíbrio sutil entre uma inacreditável disciplina, de um lado, e momentos difíceis, às vezes assustadores, em que ele deve "deixar o barco correr", de outro. Com o Reiki, porém, depois das iniciações, nos vemos de repente mergulhados na água sem saber nadar. Num caso ou noutro, as pessoas conseguem aprender a nadar. Isso acontece porque, no início, elas são capazes de confiar plenamente no Reiki e deixar que o próprio Reiki as oriente. Entretanto, muitas vezes elas encontram obstáculos mais à frente, especialmente quando a mente reafirma sua inveterada tendência de conceituar as experiências vividas. Na maioria dos casos, elas não têm acesso a mestres verdadeiros que as ensinem a contornar esses obstáculos.

É para casos como esses que *Reiki: O Toque Definitivo* oferece o seu auxílio, conduzindo o praticante no rumo correto de um maior autoconhecimento, levando-o a:

1. Fazer-se perguntas pertinentes.
2. Contemplar certos aspectos da sua vida que talvez tenham permanecido na sombra, sem serem examinados.
3. Esvaziar a "lata de lixo" dos pensamentos e hábitos autodestrutivos através de muitos exercícios de redação, de modo que, trazido à luz, o "lixo" possa transformar-se no fertilizante de uma consciência amadurecida.

Não há livro que possa substituir um verdadeiro mestre. Entretanto, os livros podem contribuir para aumentar a consciência do leitor. Com consciência, a própria vida se torna a maior de todas as mestras. Quando a consciência falta, porém, a vida nada nos ensina, pois nós mesmos deixamos de perceber as lições que ela nos dá. Por isso, a questão da consciência é de suma importância.

Com o Reiki, assim como com todas as coisas boas — o amor da nossa vida ou a dedicação apaixonada à nossa profissão ou vocação —, o problema é o seguinte: depois que a centelha se acendeu e um vínculo aparentemente duradouro se estabeleceu, como fazer para manter vivo esse vínculo? Como desenvolver uma relação ainda mais íntima com essa coisa que amamos? Como usar esse dom — seja ele qual for no nosso caso particular — para compreender profundamente a nós mesmos de modo que, através dessa compreensão, tenhamos condições de ajudar os outros em seus processos e em suas buscas — e assim celebrar juntos a humanidade que todos compartilhamos? Como partir de uma consciência vaga e indistinta para chegar a uma consciência viva e sempre nova? Como perceber com simplicidade a nossa verdade interior e como expressá-la com veracidade, ao nosso próprio modo?

Essas questões, bem como outras parecidas, surgem em todas as jornadas de autodescoberta e acompanham toda e qualquer tentativa de viver de modo mais pleno. E toda pessoa que deseja ser um verdadeiro ser humano naturalmente se esforça para estar atenta e consciente. É só quando nos purificamos das forças inconscientes que influenciam a nossa vida, e quando começamos a moldá-las por meio da consciência pura, que podemos nos considerar livres das manipulações delas. Por isso, a consciência nos torna realmente livres e soberanos, ao passo que a inconsciência nos transforma em autômatos escravizados.

Nossa motivação para escrever *Reiki: O Toque Definitivo* foi a de promover a consciência e de partilhar com nossos leitores algumas "técnicas de autofortalecimento através do autoquestionamento", como sugere o subtítulo do livro. Esse autoquestionamento, orientado por nós mas aplicado por você, há de beneficiar e fortalecer substancialmente a sua prática de Reiki. Além disso, vai beneficiar e fortalecer toda a sua vida. Como a consciência é universal, você nem sequer precisa ter recebido as iniciações do Reiki para tirar dele os seus benefícios.

A consciência, na verdade, é o próprio fundamento do Ser, pois sem consciência nada pode existir. Assim, mediante a expansão da consciência pessoal, toda a nossa realidade pessoal se expande, e essa expansão tem influência positiva sobre a nossa vida cotidiana. Por fim, você poderá chegar até a perceber a onipresença da Consciência Primordial; e, sendo você inseparável dessa Consciência, há de notar também que Você Mesmo não tem limites — não, porém, no sentido literal e concreto desse conceito.

Este livro foi publicado pela primeira vez na Índia, no verão de 1999. Estamos muito contentes por ter chegado a hora e a vez de uma edição mundial em língua inglesa. Poucas mudanças foram feitas no manuscrito original. Esperamos que as técnicas de investigação aqui sugeridas lhe dêem alegria e muitos risos. E, quando você passar a se conhecer mais de perto e mergulhar mais fundo na presença da consciência, esperamos que você volte à superfície com as pérolas da sabedoria e da compaixão brilhando no seu coração.

Paula Horan e Narayan Choyin Dorje
Katmandu, Sarasvati Bhavan,
Dia Primeiro do Ano do Cavalo de Água, 12 de fevereiro de 2002.

INTRODUÇÃO

Curar o Curador

O objetivo do Reiki é a cura. O Reiki é um método maravilhosamente simples, não necessita de aparelhos, é totalmente eficaz e pode ser usado para o relaxamento, a diminuição do *stress*, a recuperação da vitalidade e até o alívio da dor. Qualquer mal físico ou emocional, a depressão inclusive, pode ser tratado através do Reiki, sem acrescentar a este nenhum outro método de cura. Dizer que eu sou 100 por cento a favor do Reiki não é suficiente. A verdade é que, nos últimos quatorze anos, tenho dedicado a maior e melhor parte da minha vida a divulgar e ensinar o Reiki, e ensinei-o em muitos lugares: em todos os Estados Unidos, na Costa Rica, na Islândia, na Alemanha, na Suíça, na Hungria, na França e na Índia, entre outros. Fui a muitos desses lugares não só uma vez, mas várias. Há quatorze anos que a minha vida é uma contínua viagem. Embora isso às vezes me dê um certo cansaço físico, no geral tem me entusiasmado e inspirado. E tudo parece continuar, sem que eu possa ainda vislumbrar o fim desse processo. Para onde ele me levará? Quais outros milagres ainda estão esperando para acontecer? Só o tempo dirá.

Nessa jornada, uma das maiores dádivas foram as pessoas que encontrei pelo caminho. Fui abençoada com muitos encontros de coração para coração. Tive o raro privilégio de poder fazer parte da vida de muitas, muitas pessoas maravilhosas, e também elas entraram na minha vida à medida que o Reiki nos abraçou com a sua profunda presença de cura, ao mesmo tempo silenciosa e dinâmica.

O que vi é que a maioria das pessoas que vivem dentro de seus casulinhos protetores, seguindo a rotina cotidiana do trabalho e lutando para equilibrar as contas no fim do mês, simplesmente não fazem idéia dos enormes recursos interiores que possuem. O ensino do Reiki exige que eu me concentre nos outros e me abra totalmente para eles; por causa disso, agora compreendo o incrível tesouro de amor e sabedoria que em geral permanece oculto em quase todas as pessoas. Tão oculto é esse tesouro que a maioria das pessoas não têm a menor noção de que estão sentadas sobre um veio de ouro puro, ao mesmo tempo que escavam desesperadas em busca de ferro nas minas de suas obrigações cotidianas — e na busca da felicidade fora de si mesmas. É aí que entra *Reiki: O Toque Definitivo.* O título se refere à capacidade que o ser humano tem de se deixar tocar, capacidade essa que se manifesta de diversas maneiras. Podemos nos deixar tocar física, emocional e espiritualmente. O Reiki favorece e nos ajuda a apreciar o toque sob todas as suas formas, transformando-o por fim numa profunda sensação de paz interior — o supremo toque da liberdade. Depois que recebi a inspiração inicial, só tive um motivo para escrever este livro: partilhar minhas intuições e divulgar certos instrumentos de autoconhecimento que talvez venham a abrir os olhos do leitor para o fato de que ele está de fato sentado sobre um veio de ouro, que é na verdade a sua própria vida e a sua força vital.

É verdade que o objetivo do Reiki é a cura. Mas quem cura o curador que não sabe qual é o seu problema? Quem ajuda o curador a curar-se das mágoas e traumas do passado? Quem estimula o curador a seguir o proveitoso caminho da cura até o final, até chegar à suprema Liberdade, que está sempre à espera de ser descoberta? Quem o faz ver a beleza interior? Quem cultiva a sua sensibilidade e o ajuda a concentrar a atenção? Quem fortalece a sua motivação?

O Reiki, é claro. Mas o Reiki precisa de ouvidos atentos. Nossa voz interior é o arauto natural da sabedoria da Energia Universal da Força Vital. Entretanto, essa voz interior só pode nos ajudar quando estamos abertos o suficiente para ouvi-la, e ouvi-la inclusive com mais clareza do que as vozes da chamada razão e do condicionamento, que insistem em repetir as mesmas mensagens velhas e cansativas e são especialistas em sabotar a cura. Sempre com a melhor das intenções, é claro... Por acaso o ego não sabe o que faz?

Reiki: O Toque Definitivo foi feito para fortalecer a sua percepção de modo que você possa ouvir a voz interior. Isso está implícito no subtítulo: *Autofortalecimento*. Viver como um curador é estar aberto a tudo o que acontece na nossa vida, aos acontecimentos que se desenrolam na nossa existência cotidiana, e deixar que eles nos introduzam numa realidade maior que está oculta logo abaixo da superfície. Para conhecermos a liberdade que nós somos, temos forçosamente de sondar as nossas profundezas: nossos pensamentos e emoções, juízos e opiniões, sentimentos e intuições. Temos de aprender a deixar que esses aspectos transitórios da nossa personalidade fluam desimpedidos pelo corpo e pela mente, sem resistir a eles nem nos identificar com eles.

Tendo em mente esse objetivo, *Reiki: O Toque Definitivo* se transforma num livro orientado para a prática, com muitos exercícios e muitas dicas de autoconhecimento contidas no texto. Ele será de maior valia para você se você o utilizar como um manual e seguir suas instruções. Estas jamais lhe dirão o que você deve pensar, sentir ou perceber; somente o ajudarão a constatar o que de fato existe. Elas lhe mostrarão como proceder a fim de sentir plenamente as coisas que até agora talvez estejam obscuras e indefinidas; ou a fim de perceber claramente o que ainda está oculto, aquilo que molda e rege a sua vida sem que você se dê conta desse fato.

Apresentamos também uma descrição detalhada, acompanhada de desenhos, das posições de mãos a serem aplicadas durante uma sessão de tratamento. Isso parecia ser necessário porque, hoje em dia, muitos que estudam Reiki o aprendem de mestres bastante inexperientes, que por sua vez estudaram com professores igualmente inexperientes. Precisamos pôr fim a essa cadeia de ignorância.

Exploraremos também o verdadeiro segredo do vasto potencial do Reiki de Segundo Grau. Como acontece com todos os segredos, também neste caso o principal segredo só é revelado pela prática. Entretanto, convém fazer uso de marcos que nos indiquem a direção correta, uma vez que as más instruções podem frustrar nossos esforços e nos desencaminhar.

Em suma, minha intenção com este livro é a de partilhar com o leitor algumas ferramentas de autocura que possam levá-lo a ser o curador perfeito que todos nós somos em essência. Isso não significa que todos nós temos o dever de sair e fazer a imposição das mãos sobre todas as pessoas para curá-las — apesar de que seria maravilhoso se todos se sentissem livres e desinibidos o suficiente para aceitar a idéia de uma tal partilha de amor e força vital em escala planetária. Entretanto, o que quero dizer é que, se nos dedicarmos a vida inteira a nos tornarmos pessoas mais sãs, saudáveis e estáveis, automaticamente exerceremos uma influência terapêutica e curativa sobre o nosso entorno imediato e, indiretamente, sobre o mundo inteiro. Essa tendência precisa ser apoiada.

Enquanto ainda não passa de mera intelectualização, a intuição prematura de que "não existe mundo real algum" a ser salvo não ajuda em nada. De fato, esse mundo não existe, e eu sei disso! Todas as aparências que surgem perante os nossos sentidos não passam de brincadeiras da consciência consigo mesma. Lá no fundo, nós pressentimos a verdade dessa realidade maior e impessoal do desapego absoluto. Entretanto, isso não nos autoriza a permitir que a loucura atual continue destruindo o planeta e nossas vidas! Parece que a consciência também já está ficando cansada de repetir sempre as mesmas brincadeiras de guerra, destruição, dominação, submissão, auto-execração e egomania a que a humanidade vem se dedicando desde há muito tempo, presa num processo contínuo de involução (muito embora alguns continuem a se enganar e chamem tudo isso de "evolução" ou mesmo de "progresso"). A consciência está pronta, agora, para algo diferente! Está pronta para o Amor, para a Beleza, para a Liberdade! E essas são as qualidades que precisam ser cultivadas.

Assim, *Reiki: O Toque Definitivo* tem por centro a percepção e o desenvolvimento de certas qualidades do praticante que o ajudarão a plantar solidamente os pés em suas experiências reais. Falaremos sobre as motivações corretas, sobre a necessidade de ter a consciência aberta e de como esta depende do relaxamento, sobre a simplicidade, a importância e o sentido da iniciação e sobre o compromisso, ou *giri*.

Este livro me parece muito necessário, pois demonstra que o Reiki é muito mais do que a efêmera moda espiritual em que se transformou em algumas rodas. Muito pelo contrário, é um instrumento que você pode usar para assumir a responsabilidade pela sua própria saúde e bem-estar. O Reiki pode fazer com que você tenha a percepção permanente de que é um indivíduo soberano. Este livro também leva em conta o fato de que, embora o Reiki, enquanto técnica, seja muito simples, o corpo e a mente levam tempo para assimilar as mensagens não-verbais e não lineares da medicina energética.

Embora *Reiki: O Toque Definitivo* respeite e até exalte a qualidade quase mística do Reiki, ele não deixa de se ater ao bom senso. Ele explica qual é a atitude necessária para se obter os melhores resultados do trabalho com o Reiki. O Reiki é comparável à eletricidade. Ninguém sabe nem é capaz de definir o que é a eletricidade, mas, se seguirmos certas leis empíricas e aplicarmos os conhecimentos da engenharia elétrica, poderemos usar a eletricidade de diversas maneiras. Se desconsiderarmos essas técnicas, não obteremos resultados satisfatórios. O mesmo se aplica ao Reiki. É impossível explicá-lo; mas ele tende a funcionar quando certas leis são respeitadas.

Em todos os níveis, este livro comunica uma atitude de auto-suficiência e responsabilidade pela nossa própria saúde. Se pusermos em prática a sua abordagem, os custos dos chamados cuidados com a saúde diminuirão drasticamente a longo prazo. Esses custos, só nos Estados Unidos, somaram 1,3 trilhão de dólares em 1998, muito embora a saúde geral da população, segundo certas estatísticas, tenha na verdade diminuído em comparação com a década de 1930!

A medicina energética é a medicina do futuro. Depois das descobertas de Copérnico e das viagens de Colombo e Fernão de Magalhães, o mundo levou alguns séculos para se adaptar ao fato de que a Terra não é chata, mas esférica. Do mesmo modo, depois da descoberta da teoria da relatividade e da física quântica, menos de cem anos se passaram. A medicina energética, na qual se incluem o Reiki e certas práticas medicinais de origem chinesa e indiana, parece-me muito mais com o paradigma da nova física, ao passo que boa parte da medicina ocidental tradicional ainda está presa no antigo paradigma newtoniano e cartesiano, caracterizado pelas idéias de separação e de intervenção mecânica.

Por tudo isso, *Reiki: O Toque Definitivo* foi concebido como uma seta que aponta para um novo modelo e uma nova visão de cura. Oferece ele um programa prolongado de estudos para que você possa conhecer diretamente o seu relacionamento pessoal com a Energia Universal da Força Vital. Se for usado como deve ser, este livro poderá enfim tornar-se um manual útil para toda uma vida de prática do Reiki. É com este objetivo no coração que desejo a você muito amor e muita luz em todas as suas atividades.

O Rio

Sento-me junto ao rio
Na rubra garganta da montanha
E sou atraído para a tonitruante corredeira
Que cruza o templo das rochas
E pavoneia-se ante as rajadas de ventos glaciais.

Sento-me junto ao rio
Que se espraia por planícies,
Pelos campos de mulheres
Que cantam enquanto colhem
E caminham ao lado dos outeiros esmeraldinos.

Sento-me junto ao rio
Na cidade antiga, onde os velhos
Se usam de astúcia para romper o fluxo,
Codificando-o em versos legiferantes
Enquanto a poeira do deserto castiga a minha pele.

Sento-me junto ao rio
Gordo e embarreado
Numa beleza grávida, passada há pouco da flor da idade,
Irrigando coqueirais e arrozais
Com profundos movimentos gorgolejantes.

Sento-me junto ao rio
Que se espalha
Em deltas de juncais

Onde suas ondinhas encontram as grandes ondas do mar
E desaparecem na noite estrelada da baía.

Finalmente dissolvido,
Do oceano me levanto
Como nuvem bravia,
Negra e feroz,

Para chover pesado
Sobre as trilhas de montanha
E daí até o mar,
Livre e soberana.

Conhecendo a Mim Mesmo,
EU SOU o rio
Que corre pela vida.

— NARAYAN

PRÓLOGO

Sugestões Gerais para as Sessões de Prática

Estudar o caminho é estudar o eu.
Estudar o eu é esquecer o eu.
Esquecer o eu é viver nas dez mil coisas.
Vivendo nas dez mil coisas, desaparecem o seu corpo e a sua mente,
bem como o corpo e a mente dos outros seres.
Não subsiste nenhum vestígio de realização,
e esse não-vestígio permanece eternamente.

— Mestre Zen Dogen

Para seguir o caminho do autoconhecimento, é preciso dedicação, compromisso e esforço; mas, se você não tiver no início uma prova efetiva da liberdade e da paz intrínsecas ao objetivo, o caminho poderá se transformar numa rotina improdutiva e sem sentido. Muitas vezes, a prática espiritual se torna um fardo, uma obrigação pesada que cumprimos a contragosto, como se fosse um castigo pelos nossos "pecados" reais ou imaginários. Esse tipo de prática é um indício de que nos esquecemos de "esquecer o eu". É o eu ou ego que torna a prática espiritual numa entediante obrigação moral, na mesma medida em que tenta se apropriar de algo que não se encontra sob o seu domínio.

O caminho não existe para libertar você; existe para que você possa celebrar a sua própria liberdade intrínseca. Do mesmo modo, o processo de autoconhecimento não é um meio que tem por fim a revelação do seu "eu autêntico e mutável". Esse eu não existe nem nunca existiu. O autoconhecimento revelará, porém, que até mesmo os mais estranhos hábitos e complexos individuais são na verdade o Ser-Consciência-Felicidade. São as "dez mil coisas" que passam pela vida; na medida em que aprendemos a deixá-las passar, nos desapegamos da nossa identificação com o corpo e com a mente. Deixando que as coisas sejam como são sem nos identificarmos com elas, a realização não deixa vestígios. Em outras palavras, não sobra ninguém para se proclamar realizado. Só resta a Liberdade, que é a Paz, e que permanece eternamente.

Quando entramos no caminho do autoconhecimento, temos de percorrê-lo com toda a nossa dedicação, perfeitamente comprometidos. Mas também temos de cuidar para que não se torne uma simples obrigação. A alegria é um feitor muito mais eficaz do que o dever. Alimente a curiosidade pelo que vai surgir, sinta plenamente o que aparecer e vá em frente. Aja como você deve agir nos exercícios de escrita apresentados daqui a pouco: simplesmente se concentre e deixe que cada coisa fale a sua própria verdade na hora em que quiser falar. Não sobrecarregue nada com o peso do ego; e, se você por acaso fizer isso, ria de si mesmo com bastante compaixão.

Como Trabalhar com os Exercícios

Os primeiros sete capítulos deste livro são acompanhados, cada um deles, por sugestões de exercícios de autoconhecimento. Cada uma das práticas foi pensada para ajudar o leitor a aumentar a sua compreensão de como ele se relaciona com a Energia Universal da Força Vital a partir do ponto de vista específico delineado no capítulo em questão. Todas as práticas exigem tempo e esforço, e só produzirão seus resultados se as instruções forem seguidas com cuidado e ao pé da letra.

Embora o Reiki seja um meio simples e direto de diminuir o *stress* e promover a cura, cada pessoa há de desenvolver a sua própria maneira de se relacionar com ele. É importante "personalizar" o Reiki, assimilá-lo dentro do contexto da sua história de vida, do seu comportamento, dos seus hábitos e dos seus condicionamentos. É aí que entram em cena as sessões de prática. Com a ajuda da auto-observação, você toma consciência dos complexos e apegos da sua personalidade que têm por efeito o *stress*.

Os exercícios são vários: meditações orientadas, contemplações do tema específico tratado no texto do capítulo, e vários exercícios de redação com tempo marcado. Todos eles ajudam a evocar uma consciência mais intensa da atitude específica de cada pessoa perante o amor.

Além disso, os exercícios podem ajudar você a compreender até que ponto você realmente está consciente das motivações que o levam a agir desta ou daquela maneira. Estamos falando aqui dos pontos mais importantes da sua ação, onde uma consciência maior é de fato necessária. As considerações gerais sobre essas questões nos sobrecarregam com um peso morto. O mundo está cheio de conselhos genéricos; o número de "deve fazer", "faça" e "não faça" já é quase infinito. Não precisamos acrescentar novos itens à lista já existente. Em definitivo, o objetivo deste livro não é o de acrescentar mais deveres à sua vida.

O desafio que temos de enfrentar *não* é o de adotar um novo conjunto de crenças a respeito do amor universal, por exemplo. Antes, o problema é o seguinte: Como expressar a verdade universal do Amor, dadas as circunstâncias particulares do nosso condicionamento? O que o Amor realmente significa para nós? De que modo esteve presente na nossa vida até agora? Como temos lidado com ele a partir de uma perspectiva mais ampla? Quais são as mais antigas lembranças que temos sobre o amor e que de algum modo ainda regem a nossa vida? Todas essas perguntas, e outras semelhantes a elas, precisam ser respondidas por aquele que quiser de fato sentir e expressar de maneira livre e genuinamente o Amor intrínseco da Energia Universal da Força Vital.

A adoção de mais crenças sobre o Amor não poderá nos ajudar, pois só gera mais separação. O Amor Universal enquanto *idéia* não tem o poder de nos libertar, mas a *experiência direta* desse Amor revela a Liberdade que já é nossa desde toda a eternidade. Assim, o objetivo das sessões de prática é o de trazer todas as coisas do nível dos ideais excelsos para o da realidade vivida, com todas as suas peculiaridades e inconsistências.

A vida não tem a ordem como elemento principal e nunca terá, muito embora às vezes pareça uma coisa ordenada. A vida é caótica, é selvagem. Resiste teimosamente a todas as nossas tentativas de domá-la e controlá-la. A ordem superior da Energia Universal da Força Vital não nasce do caos; já é intrínseca ao próprio caos. Não se sobrepõe ao caos, mas se expressa através do que quer que seja, da vida como ela é. Por isso, se através da nossa prática de Reiki quisermos realizar a motivação da suprema compaixão, a lucidez da consciência ou a beleza do amor, teremos, para tanto, de abraçar plenamente a natureza indomada da nossa vida sem censura alguma e de maneira totalmente espontânea. Então todas as coisas se põem naturalmente em seus lugares; revela-se a ordem perfeita de todas as coisas.

Quando observamos a facilidade com que as pessoas mudam de partido político ou de religião, fica claro que a troca de uma crença por outra não leva mais do que alguns minutos. A exploração dos nossos verdadeiros sentimentos, memórias e peculiaridades pessoais demora um pouquinho mais. Esse é, porém, o modo correto de proceder, e vai gerar benefícios duradouros para você e para todos os que fazem parte da sua vida (ao passo que as crenças só tendem a contribuir para o aumento da confusão).

Se o que você quer é sair um pouco da mutabilidade da mente, saiba que as práticas sugeridas são de grande valia para levá-lo a saber quem você realmente é. Quando passamos a nos conhecer melhor e colocamos nossas peculiaridades e idiossincrasias sob a luz da atenção consciente, quase que automaticamente nos desidentificamos das lembranças e crenças que antes nos eram inconscientes. As crenças e os hábitos não mudam, mas são então capazes de fluir sem serem afetados pela nossa resistência ou pelos juízos negativos que fazemos a nosso próprio respeito. À luz da nova consciência, nossas ações e reações tornam-se um espelho perfeito da Verdade transpessoal.

Em cada capítulo, damos três sugestões de exercícios de auto-observação, que exigem o compromisso de se trabalhar com elas ao longo de três conjuntos sucessivos de vinte e um dias cada um; por isso, o melhor é escolher primeiro o conjunto de práticas daquele capítulo que trata da questão mais importante para você. Se você quiser, por exemplo, explorar suas questões pessoais relativas à consciência, meu conselho é que você cumpra os três ciclos de vinte e um dias apresentados no final do capítulo sobre a consciência, com o firme compromisso de levá-los a cabo.

Uma vez terminados, você não precisa começar imediatamente um novo ciclo. Será útil fazer uma pausa e assimilar os novos conhecimentos. Uma vez terminado um conjunto de exercícios, muitos sentimentos novos hão de aflorar; por isso, convém que você reserve todo o tempo necessário para processar plenamente os efeitos do seu trabalho. Antes de tomar a peito a próxima aventura, procure ir escrevendo um diário para não perder o hábito de escrever; mas não convém cumprir todas as práticas a jato. É importante que você compreenda que esses exercícios não têm o objetivo de produzir resultados predefinidos. São apresentados aqui para ajudar no autoconhecimento, para ajudar você a divisar com clareza as incríveis profundezas que jazem por baixo das camadas superficiais da consciência.

O essencial, porém, é que você cumpra à risca todas as instruções sempre que se decidir a dedicar praticamente dois meses a uma única rodada de práticas, que consiste em três ciclos de 21 dias de três exercícios diferentes. É particularmente importante que você cumpra todas as repetições prescritas. O efeito delas é cumulativo: elas nos permitem ir cada vez mais fundo. Além disso, existe um antigo precedente espiritual de que qualquer prática benéfica precisa ser repetida por vinte e um dias para ter efeito duradouro.

Além disso, especialmente no caso dos exercícios de redação com tempo marcado, nosso objetivo não é o de encontrar ou desenterrar uma outra identidade, supostamente mais verdadeira do que a que temos agora. A prática consiste simplesmente em deixar que a corrente da consciência flua desimpedida. Para chegar ao ponto do livre fluxo, é preciso trabalhar com a mesma prática por vinte e um dias seguidos sem solução de continuidade. Se você não repetir os mesmos temas ou repeti-los dando um espaço de alguns dias entre os exercícios, terá muito mais probabilidade de se identificar com lembranças ou linhas de pensamento específicas, e não é essa a finalidade dos exercícios. Qualquer coisa, se repetida um número suficiente de vezes (e desde que você esteja prestando atenção), tem o poder de esvaziar a proverbial lata de lixo da mente.

Os exercícios foram feitos para ajudá-lo a perceber diretamente o fato de que você não é nenhuma das suas lembranças, nenhuma das suas identidades, e ao mesmo tempo é todas elas simultaneamente. Essa percepção promove a liberdade de que você precisa para sentir e expressar plenamente tudo o que estiver acontecendo num determinado momento: para seguir o fluxo da força vital em vez de bloqueá-lo inconscientemente.

O Objetivo da Prática de Redação com Tempo Marcado

O objetivo da prática de redação com tempo marcado é o de levar você a ir além do censor interno, do crítico interior e permitir que você expresse seus primeiros pensamentos — em outras palavras, os que primeiro lhe vierem à mente, em estado ainda cru e indefinido. Queremos que a corrente mental deixe falar todos os pensamentos que por ela passarem, sem submetê-los à censura do crítico interior que quer deixar tudo perfeitamente congruente com o nosso condicionamento, perfeitamente monótono — e perfeitamente previsível.

O exercício é chamado de prática de redação com tempo marcado porque o tempo para sua execução é determinado. Quando as instruções determinam "escreva por quinze minutos", comece a anotar tudo o que lhe vier à mente sem parar; ponha tudo para fora. Não se preocupe se lhe parecer que você não saberia escrever algo digno de ser posto no papel. As palavras já estão dentro de nós, como estão as lembranças, imagens e associações. Só precisamos deixá-las vir à tona.

Se você fizer isso pelos vinte e um dias prescritos para cada exercício, descobrirá dentro de si uma criatividade e uma originalidade nunca antes imaginadas. Quando você deixa a escrita fluir sem interrupção, fica fácil expressar-se com mais sinceridade. Você fica mais sincero consigo mesmo e também, como você há de ver, com os outros. E sobretudo, quando se render ao fluxo dos pensamentos e sentimentos não expressos, você vai parar de se identificar com umas poucas pessoas à exclusão de todas as outras. Com uma visão mais ampla, as qualidades universais, como o amor e a consciência, deixam de ser meros conceitos. Eles ganham vida à medida que você se abre à vastidão da Mente Búdica, à voz do Ser Verdadeiro que fala através da sua própria voz.

Instrumentos para a Prática de Redação com Tempo Marcado

Para a prática de redação com tempo marcado, são necessários alguns instrumentos. Para uma ou mais rodadas de três ciclos de 21 dias, você vai precisar de diversos cadernos de espiral, de preferência pautados. É claro que qualquer caderno serve, mas o melhor é que não seja muito pequeno. O tamanho ideal é o Carta ou A4. Evite usar folhas soltas de papel para as sessões de redação, por dois motivos: primeiro, elas tendem a se perder; segundo, você se sentirá tentado a amassar a folha e jogá-la no lixo quando seu censor interno não estiver gostando do que você estiver escrevendo. Você vai precisar também de uma boa caneta que lhe permita escrever rapidamente, tão rapidamente quanto as imagens e pensamentos que forem surgindo. Vai precisar, por fim, de um lugar tranqüilo onde possa ficar sossegado durante o tempo que durar a prática, e vai precisar preparar um cronômetro ou olhar para o relógio antes de começar. O cronômetro é preferível, pois o ato de olhar para o relógio pode se transformar numa distração, uma vez que o ego está sempre à procura de desculpas para não ter de se expressar livremente e, portanto, não ter de se pôr a nu. Um caderno, uma caneta, um lugar tranqüilo e um cronômetro: eis aí tudo o que você precisa. Porém, se você ficar excessivamente preocupado com os instrumentos, provavelmente nunca vai chegar a praticar os exercícios, como aqueles aspirantes a escritores que montam o escritório perfeito e nunca chegam a terminar um livro.

Dez Diretrizes para a Prática de Redação com Tempo Marcado

Para o sucesso da prática, é essencial que você siga estas instruções. Por isso, entenda-as bem antes de começar. Leve todo o tempo de que precisar para lê-las do começo ao fim. Lembre-se: até mesmo os melhores alunos só retêm na memória 35 por cento das informações adquiridas num determinado momento. Se você quiser se lembrar de mais, vai ter de ler as informações pelo menos três vezes.

Lembre-se também que o que lhe é pedido não é que você escreva um ensaio sobre um tema específico. Pelo contrário, você deve começar com a frase dada nas instruções e depois deixar que o seu processo associativo flua livre e aleatoriamente. Você não deve cortar, apagar, corrigir nem censurar nada; não deve se preocupar de elaborar um discurso lógico e belo nem de fazê-lo adequar-se aos seus padrões e juízos habituais. Eis o procedimento básico:

1. Leia a frase dada nas instruções. Faça uma pausa e assimile-a. Receba-a plenamente. Se quiser, leia-a várias vezes.

2. *Abra o caderno e prepare o cronômetro.*

3. Comece imediatamente, escrevendo a frase que você acabou de ler nas instruções. Sem parar, continue a escrever o que lhe vier na mente. Não interrompa o movimento da caneta. Não pare de jeito nenhum! Deixando a mão correr pela página, você fortalece sua voz autêntica e enfraquece o censor. Continue a escrever por quinze minutos sem parar. Quando o despertador tocar, termine a frase e pare.

4. Ponha por escrito o que está dentro de você. Não seja bonzinho. Nem sequer tente "amaciar" um pouco as coisas, nem encontrar uma palavra ou frase menos desagradável para o censor interior do que a primeira que lhe vier à mente. Não deixe de expressar as coisas mais horríveis que vierem à tona, mas não tente nem ser especificamente desbocado nem particularmente original. Simplesmente se entregue ao fluxo de consciência que fala através de você. Vez por outra, o processo lhe causará tédio. Às vezes, será motivo de enorme entusiasmo. No geral, porém, lhe parecerá coisa comum e muito banal.

5. Seja preciso e específico. Se lhe ocorrerem lembranças dolorosas, descreva-as minuciosamente, com todas as suas nuances interiores e exteriores. Onde você estava? Como estava vestido? O que aconteceu? Quais são os aromas de que você se lembra? Quais os ruídos? Qual era o dia da semana? E o do mês? Qual foi a sensação exata que você teve naquela época? Se você sentiu o corpo amortecido ou entorpecido, o que estava oculto por baixo desse torpor? Em que parte do corpo você sentiu o torpor? O que você fez em seguida? Se as lembranças forem boas, seja igualmente específico e faça um bom trabalho de descrição. Se imagens estranhas vierem à tona, não as substitua por lugares-comuns. Não é preciso que tudo se resuma em pores-do-sol e brisas da tarde; não há problema nenhum em que a paixão se apresente para você como um exército de formigas atacando uma faca lambuzada de caldo de manga na pia da cozinha. Deixe sair tudo o que vier à tona.

6. Em outras palavras, ponha em suspenso a sua programação ordinária. Pare de pensar do jeito que você sempre pensa. Melhor ainda: pare de pensar por completo. Qualquer que seja a realidade evocada pela frase inicial de cada exercício de redação com tempo marcado, não pense a respeito dela. Em vez disso, escreva-a, do jeito que vier. E ponha por escrito também todas as imagens que a isso se seguirem espontaneamente.

7. Não tenha medo de escrever coisas sem sentido (mas também não esconda por trás de frases sem sentido as coisas que querem se fazer ouvir). Ninguém mais além de você vai ler o que for escrito. Tenha coragem suficiente ao menos para ser sincero consigo mesmo. Não tente manter as aparências. Sinta o seu anseio sincero de expressar a verdade. Esta é a sua oportunidade de fazê-lo. Não a perca; deixe-a expressar-se agora através da sua caneta.

8. Não se preocupe com regras de gramática, pontuação e ortografia. Seu objetivo principal deve ser o de manter a mão em movimento e deixar a consciência fluir numa corrente contínua de palavras. Por isso, não se perca nos detalhes.

9. Não deixe a presa escapar. Se surgir uma frase ou uma imagem que lhe pareça assustadora demais, a ponto de você não querer escrevê-la, vá em frente e escreva. O mais provável é que haja em você uma grande carga de energia indomada, energia essa que será liberada se você deixar sair o que está lá dentro. Isso lhe dará muita força. Se, por outro lado, você tergiversar e se recusar a escrever as coisas como forem surgindo, vai perder força; se tornará distanciado, intelectual, perdido em conceitos e idéias que representam tão-somente um esconderijo onde você se esconde de algo que não quer encarar de frente. Você se tornará uma pessoa insípida e sem convicção.

10. Depois de terminar o exercício do dia, releia lentamente o que escreveu, recapitulando todos os sentimentos provocados pelo ato de escrever e observando especialmente a sua tendência de criticar a si mesmo, de diminuir a si mesmo ou de se sentir envergonhado pelas coisas que vieram à superfície. Depois, fe-

che o caderno e pegue-o de novo no dia seguinte, até completar o ciclo de vinte e um dias. Não jogue fora nenhum dos seus cadernos, mas guarde-os para consultá-los no futuro.

Exemplo de Uma Sessão de Redação com Tempo Marcado

Para lhe dar uma idéia das coisas que podem ser escritas numa sessão de redação com tempo marcado, e de como se desenrola a corrente da consciência, escolhi este exemplo feito por um dos meus alunos. A frase inicial, tirada do Exercício 3 das sessões de prática do Capítulo 1, é: "Eu, enquanto agente de cura, me dedico a..."

> *"Eu, enquanto agente de cura, me dedico a..."* me tornar íntegro. Curar é tornar-se íntegro. Curar é bom. Enquanto agente de cura sou dedicado à bondade, a como alimentar as pessoas. Lembro-me de que, quando eu era menino, com uns quatro ou cinco anos de idade, eu tinha a fantasia de brincar de Arca de Noé. Imaginava que tinha um barco enorme de madeira onde abrigava e protegia todos os animais. Eu costumava conversar com o meu pai a esse respeito, e ele ouvia para me contentar. Não dava risadas. Minha mãe não gostava dessa obsessão minha. Especialmente quando eu alinhava todos os meus bichos de pelúcia na cozinha e pedia pratos para dar-lhes de comer. Eu também tinha uma boneca. Era preta, com cabelos pretos e encaracolados. Era uma boneca negra. Eu a chamava de Black Susan e de algum modo gostava muito dela. Minha mãe não gostava dela nem um pouco, e gostava ainda menos do fato de eu gostar tanto dela. Ela me dizia que aquela brincadeira era boba, não era de menino. Mas eu brincava mesmo assim. Eu era muito novo quando comecei a odiar minha mãe. Lembro-me de como ela costumava me vestir de manhã. Tinha algo naquilo que eu não gostava. Às vezes me deixava com muita raiva. Eu queria bater nela. Mas isso me deixava muito confuso. Eu só queria que todos compreendessem que era muito importante que todas as pessoas no mundo brincassem de Arca de Noé. Eu me sentia muito importante quando fazia aquilo...

No dia seguinte, mesmo começando com a mesma frase — "Eu, enquanto agente de cura, me dedico a..." — , você há de escrever algo completamente diferente. Talvez não seja tão vívido, talvez não tenha nada a ver com a sua infância. O importante é dar continuidade ao fluxo, seguir a corrente da consciência e escrever sem interrupção por quinze minutos. Às vezes isso é incômodo, mas continue. Deixe que surjam as coisas que querem surgir e confie no processo. No decorrer do tempo, você vai passar a conhecer melhor o seu próprio ritmo, seus fluxos e refluxos, e o modo pelo qual você mesmo se abre e se fecha à sua própria força vital. Vai passar a conhecer-se mais intimamente e, em específico, vai aprender a deixar de lado todas as inibições e a parar de censurar seus escritos. Conhecendo melhor a si mesmo, aos poucos você vai deixar de se identificar com a imagem limitada que fazia de sua própria pessoa. Vai entrar em sintonia com uma imagem muito maior e mais ampla, mas nem com ela vai se identificar; pelo contrário, vai continuar ampliando e alargando a sua percepção.

A prática da redação com tempo marcado é algo que peguei dos livros de Natalie Goldberg, e sou muito grata pelas explicações e maravilhosos exemplos que ela dá de como o processo funciona — explicações e exemplos totalmente não-lineares e engraçados. *Writing Down the Bones* e *Wild Mind* têm sido meus companheiros há muitos anos e têm sido uma contínua fonte de inspiração, muito embora o meu interesse pessoal pela escrita criativa não tenha por base a vontade de ser uma escritora de ficção.

Mas uma coisa é certa: se você levar a cabo os exercícios apresentados neste livro, vai terminar por se sentir muito melhor consigo mesmo, ao mesmo tempo que vai se desapegar muito mais da sua auto-imagem condicionada. As qualidades universais do Reiki poderão então fundir-se harmoniosamente com as qualidades da sua personalidade. Todas as coisas lhe parecerão mais translúcidas e mais leves — e muito, muito mais claras. Isso se você se dedicar com afinco à prática...

Oração da Manhã

Estrela da aurora,
tu dás tranqüilidade
e dás asas.

Fonte de luz,
tu me dás à luz
para conhecer alguém
como tu.

É a ti que canto
quando rompe a aurora,
humilde de amor,
para sossegar
a mente
que atira a esmo brinquedinhos de lata
no casaco escuro
de infindas horas.

Flor translúcida,
de onde quer que decidas brilhar,
para todos o teu toque é suave.

Acenando para nós,
atende-nos os desejos
que nem sabíamos ter.

— NARAYAN

CAPÍTULO 1

Motivação

> Que todos os seres tenham a felicidade e a causa da felicidade.
> Que todos os seres fiquem livres do sofrimento e da causa do sofrimento.
> Que todos os seres detenham a posse permanente da felicidade suprema, que não tem mistura de sofrimento.
> Que todos os seres alcancem a ilimitada equanimidade, que não tem mistura de *perto e longe, de apego e aversão.*
>
> — Os Quatro Imensuráveis

A motivação mais desejável na vida é a de ser uma pessoa útil e responsável. É essa também a motivação mais adequada para a prática do Reiki. Quando nos aproximamos da Energia Universal da Força Vital com a intenção de ajudar a nós mesmos e aos outros, esse impulso altruísta nos ajuda a permanecer abertos e receptivos. Quando estamos abertos e receptivos, paramos de tentar estreitar o potencial da energia; não procuramos fazê-la encaixar-se à força nas nossas preconcepções e nas nossas necessidades míopes e imaginárias. Mesmo quando tratamos a nós mesmos com essa abertura, isso é altruísmo, pois tira a força do controle egoísta da mente e deixa-a exposta à presença sumamente benéfica da Energia Universal da Força Vital.

O Reiki brota e floresce em sua melhor forma quando assumimos a responsabilidade pelo nosso próprio bem-estar. A verdade é que, através da prática do Reiki, nós expressamos a nossa firme convicção de que, enquanto receptáculos da Energia Universal da Força Vital, nós mesmos somos os criadores da nossa saúde, da nossa felicidade e do nosso bem, de modo que somos responsáveis por eles. Passo a passo, quanto mais vamos penetrando nos poderes de cura do Reiki, tanto mais deixamos de ser vítimas das circunstâncias. Muito pelo contrário, continuamos a progredir no caminho da plena responsabilidade, primeiro pela nossa saúde física e equilíbrio emocional; depois, assumimos também a responsabilidade por toda a nossa vida e pelas circunstâncias que atraímos para nós; deixamos de uma vez por todas de culpar as forças externas pelas coisas que nos acontecem.

Essa responsabilidade nada tem a ver com uma noção egóica de falsa grandeza. Consubstancia-se, antes, numa suave entrega ao poder maior que constitui o nosso verdadeiro ser. Tudo começa com o simples desejo de ajudar os outros e assumir responsabilidades na nossa vida cotidiana. Então, o Reiki naturalmente nos influencia a querer a felicidade e a causa da felicidade para nós e para todos os seres viventes, e que todos sejamos livres de todo o sofrimento, ao passo em que nos aplicamos eficientemente na manifestação dessa mesma intenção.

A Cura Começa em Casa

Quando nos sentimos atraídos pelo Reiki, ou consideramos a possibilidade de aprender e praticar o Método Usui de Cura Natural, pelo simples poder desse desejo já se acende dentro de nós a centelha da motivação suprema que nos leva a curar e ser curados. Quando agimos segundo essa intuição, naturalmente somos movidos a cultivar as qualidades humanas universais do amor, da compaixão, da alegria e da equanimidade. No começo, essa motivação não parece durar mais do que uma fração de segundo; ela surge e desaparece como um relâmpago na escuridão. Mas, por mais breve que pareça ser, se alimentarmos essa centelha, ela fará lançar raízes em nós da semente do desejo de libertar tanto a nós mesmos quanto aos outros da doença física, da tensão mental e dos conflitos e turbulências emocionais.

Para cumprir os objetivos da cura, também não temos de ser imaculadamente altruístas. A motivação altruísta não nos obriga a pensar somente nos outros. Nos obriga somente a voltar a nossa atenção para tudo o que promove a cura. Se desejamos a cura, o amor, a compaixão, a alegria e a equanimidade para todos os seres viventes, esse desejo tem de começar em casa — tem de se voltar primeiro para a nossa própria pessoa. Se temos o desejo verdadeiro de curar os outros, temos de começar por curar a nós mesmos.

Na ordem mais elevada de conhecimento, a questão da cura simplesmente não se coloca, pois a partir desse ponto de vista não existe (nem jamais existirá) nada de errado, nada que esteja fora de lugar. Entretanto, é preciso tempo e uma grande capacidade de observação para perceber plenamente o verdadeiro silêncio e a perfeição de todos os seres, nós inclusive. Só então esse conhecimento pode se expressar como a saúde e a cura no corpo humano. Só depois de termos vislumbres dessa saúde e integridade do nosso corpo é que podemos inspirar nos outros uma experiência semelhante. É por isso que é tão importante experimentar essa saúde perfeita em nós mesmos, bem como na nossa vida cotidiana.

Faz parte da tradição do Reiki que o agente de cura cure a si mesmo e à sua família. A sra. Takata não usou de meias palavras para expressar a correta ordem das coisas quando afirmou o seguinte: Primeiro cure a si mesmo, depois cure a sua família, e só depois saia e faça sessões de cura para pessoas que não pertencem ao seu círculo íntimo de familiares e amigos. É claro que podemos fazer as três coisas ao mesmo tempo. Podemos praticar a autocura, tratar os membros da nossa família e aplicar tratamentos em outras pessoas. É importante, porém, avaliar bem os recursos de que dispomos para não nos dispersarmos — isso se realmente quisermos fazer o bem a nós mesmos e aos outros. Apesar de tudo isso, nos primeiros vinte e um dias de prática de Reiki, é essencial tratar o maior número possível de pessoas para adquirirmos confiança na nossa capacidade de transmitir o Reiki.

Libertar-se da Hipnose das Crenças

Embora o mundo cotidiano não seja o mundo real, mas sim um sonho ou uma ficção projetada pela mente, não podemos deixar de levar em consideração o efeito hipnótico que esse sonho tem sobre nós. Do fato de que todas as pessoas, pelo consenso do grupo em que vivem, são hipnotizadas para crer num mundo caracterizado pela limitação, temos de concluir que, para os hipnotizados, a limitação é uma realidade. A limitação e a restrição constituem, assim, a lei pela qual somos obrigados a viver enquanto permanecemos sujeitos às influências hipnóticas da aceitação, pela mente e pelo corpo, da dita "realidade" do inconsciente coletivo.

Um exemplo: Como todas as pessoas se submetem incondicionalmente às regras arbitrárias e até mesmo destrutivas e exploratórias da chamada "realidade econômica" de hoje em dia, não podemos esvaziar a nossa conta bancária para doar até o nosso último centavo aos necessitados. Se fizéssemos isso hoje, como faziam às vezes os índios norte-americanos na cerimônia que chamavam de "grande presenteamento", logo não teríamos mais condições de ajudar nem a nós mesmos nem aos outros. Iríamos à falência. Isso porque os seres humanos, no decorrer dos séculos, foram todos hipnotizados para acreditar que "ter" é melhor do que "dar"; que a escassez é mais real que o poder abundante e inesgotável de manifestação inerente ao universo e a todos os seres que o compõem.

Se vivêssemos numa sociedade em que os homens e as mulheres fossem prezados não pelo que guardam e acumulam, mas pelo que dão, todos nós poderíamos dar com muito mais largueza, porque aí também *receberíamos* com mais freqüência. As energias dos seres humanos seriam intercambiadas segundo um fluxo muito mais natural do que o de hoje em dia, nesta época em que todos são condicionados a acumular o máximo possível e a reter ao máximo as posses acumuladas — até que a morte nos separe delas.

Enquanto estivermos identificados com este corpo, seremos inevitavelmente sujeitos à hipnose coletiva do nosso grupo cultural e seremos forçados a agir segundo as crenças desse mesmo grupo cultural, por mais que sejam tolas ou mesmo ridículas quando contempladas de um ponto de vista superior e mais abrangente. Afinal de contas, nós só podemos dar aquilo que, a nosso ver, nós já possuímos.

Através da prática do Reiki e no decorrer do tempo, nós nos despojamos de nossas limitações uma a uma. Então ficamos mais generosos, pois começamos a reconhecer na verdade a vasta abundância a que já temos acesso. A motivação de só trabalhar por si mesmo se transforma e passa a abarcar a "essência" onipresente que SOMOS nós e todos os outros seres — e o pequeno "eu" imaginário desaparece.

O Reiki não é uma Atividade Baseada no Ego

A crença na limitação, na escassez e na solidão que supostamente afligem o ser humano começa a se dissolver quando, através da medicina energética, temos um primeiro vislumbre da cura e da integridade que potencialmente podem fazer parte da nossa vida. Quando nasce o desejo dessa cura, mesmo que só por um instante, ele revela o anseio inato do Coração pelo Coração. É ele a suprema motivação pela libertação completa de todos os seres, motivação essa que, uma vez posta em movimento, precisamos alimentar com amor e fazer chegar aos cantos mais recônditos da nossa existência.

Se não alimentarmos e expandirmos a nossa motivação, ela não se sustentará; nos esqueceremos dela. As questões da vida cotidiana, aparentemente mais urgentes, nos atrapalharão, e recairemos na crença de que temos de lutar para sobreviver. Sempre haverá outra coisa que nos chame a atenção, até que o nosso desejo de cura esteja completamente esquecido e enterrado sob a rotina interminável da existência mundana.

Se não nutrirmos a centelha da verdade e da liberdade, ela certamente morrerá. Jamais crescerá, até se transformar na abrasadora chama interior da compaixão dos verdadeiros agentes de cura, que conhecem e testemunham a Graça onipresente da cura. Sob esse aspecto, o desejo da cura está muito ligado ao desejo da liberdade da auto-realização. No nível mais elevado, esses dois desejos são um só. A cura suprema só pode ocorrer na suprema liberdade.

> Se o desejo de Liberdade é contínuo,
> todos os hábitos e distrações da mente desaparecem.
> se você pensar somente na Liberdade, há de se tornar a Liberdade,
> pois você é o que você pensa.
> O desejo da Liberdade é a maré alta
> *que derruba os castelos de areia da dúvida.*
>
> — Papaji

Se não nutrirmos a aspiração espontânea e altruísta que nos leva a querer curar, a querer ser íntegros e livres, os poderes da escuridão, sob a forma das tendências comuns da mente, voltarão a se introduzir na nossa vida até que tenham força suficiente para dominá-la por completo. Se a motivação suprema da cura e da liberdade não for conservada num estado de permanente vida e vibração, esses poderes tenebrosos, que são, entre outros, o orgulho, a cobiça, a aversão, a luxúria e o engano, vão contaminar nossas aspirações. O desejo de auto-engrandecimento pode substituir o desejo de curar. Sob o domínio desses poderes, nossa prática de Reiki pode se tornar muito tacanha e egoísta. Pode tornar-se, enfim, uma mera brincadeira do ego.

Então, às vezes temos a tendência de nos portar como "o Grande Curador", atribuindo enorme importância a essa nova auto-imagem. Sentimos a necessidade de fingir que somos mais do que realmente somos, de nos perceber como mais sábios do que somos na realidade. Sofremos a tentação de levar as outras pessoas acreditar, por exemplo, que já praticamos o Reiki há quinze anos, quando na realidade tomamos as nossas aulas de Reiki de Primeiro Grau há pouco mais de quatro anos, como no caso de um "mestre" que conhecemos. Às vezes, afirmamos ter tido experiências que, na verdade, só conhecemos pelos livros. Outro resultado típico do Reiki baseado no ego: começamos a acrescentar firulas e enfeites à prática básica a fim de nos destacarmos da massa. Em vez de seguir nossas aspirações mais profundas, somos vitimados pelo negócio de tentar vender a nós mesmos como pessoas especiais.

Nenhuma dessas coisas colabora com o objetivo da cura. Muito pelo contrário, só servem para criar confusão em nós mesmos e nos outros. Elas inevitavelmente fazem aumentar a proliferação de pensamentos, conceitos e emoções, que são aqueles aspectos da nossa existência que na verdade constituem a raiz de todo desequilíbrio e toda doença. Os pensamentos e emoções precisam ser pacificados, não despertados. Por isso, o Reiki transformado em atividade egóica é algo extremamente contraproducente, e tem como conseqüência inevitável que o espírito libertador do Reiki seja mutilado. O Reiki egóico nunca pode estar em harmonia com a suprema motivação: a cura suprema na liberdade completa.

A Prática nos Ajuda a Conhecer a Nossa Verdadeira Motivação

O que podemos fazer para nutrir e sustentar a motivação da liberdade e da cura? Em primeiro lugar, podemos fortalecer o desejo, pois somos inevitavelmente atraídos por aquilo que mais desejamos. O problema é que normalmente não temos consciência sequer das motivações que nos levam a empreender as ações comuns e cotidianas da nossa vida. Poucas são as pessoas que se mantêm em contato com as suas verdadeiras motivações; estas, para a maioria das pessoas, são bastante mal definidas.

Na maioria das vezes, a mente se concentra inconscientemente nas coisas que não aprecia, e por isso são essas coisas que ela atrai. As motivações pessoais da maioria das pessoas são nebulosas. Por isso, geralmente acontece conosco o que nós não queremos, as coisas que detestamos, pelo simples fato de não nos concentrarmos no que queremos, ou de às vezes nem sequer sabermos o que queremos.

O modo mais simples de fortalecer o desejo de cura é praticar regularmente o Método Usui de Cura Natural. Esse hábito nos ajuda a permanecer conscientes das nossas aspirações mais profundas e motivações altruístas. Com o uso do Reiki, podemos nos sentir realizados, do mesmo modo que nos sentimos realizados quando alcançamos objetivos comuns e mundanos. Por exemplo: a pessoa que quer tornar-se dançarina profissional tem de desenvolver sua força e sua resistência físicas, além de se habituar com certos passos e movimentos. Tem de assistir a muitos espetáculos de dança para assimilar a fundo a elegância dos especialistas. Aquele que quer ser pianista tem de estudar piano, praticar e ouvir as interpretações dos grandes pianistas. A verdade é que, quando queremos fazer qualquer coisa bem feita, não podemos nos dar ao luxo de pensar que já sabemos tudo sobre essa coisa ou que já chegamos ao ápice da realização nesse campo. Se permitimos que essa atitude se desenvolva em nós, a nossa motivação diminui. Por isso, para nos tornarmos grandes conhecedores do Reiki, temos de praticar muito Reiki, de preferência em muitas pessoas diferentes.

Tudo isso é evidente, mas nós, seres humanos, temos o costume de não dar atenção ao que é evidente. Às vezes, nossa mente é inteligente e esperta *demais*: vive sempre no futuro, fabricando idéias abstratas.

Muitas vezes, não vemos as árvores porque nossa mente está preocupada com o conceito de "floresta". Falamos sobre o quanto o Reiki é maravilhoso, mas deixamos de usar sua energia no momento presente, porque temos medo dos sentimentos que esse uso poderá evocar. Quando seguimos continuamente esse impulso, vamos aos poucos nos esquecendo do Reiki e, com toda probabilidade, vamos nos esquecendo também da nossa motivação de integridade, saúde, cura e liberdade, até que ela ressurja como outro vislumbre de esperança insustentável e entusiasmo efêmero num outro momento do futuro distante.

O único meio de que dispomos para nos livrar da "atração gravitacional" dessa espiral descendente, que conduz à inconsciência das massas, é alinhavar palavras e ações e praticar o Reiki — desde que o Reiki seja o caminho que escolhemos, é claro. Quando começamos e entramos no fluxo, o esforço torna-se desnecessário. A própria prática e os seus benefícios tornam-se a nossa motivação. Conseqüentemente, a prática nos brinda com uma quantidade cada vez maior de experiências. A experiência, por sua vez, alimenta a motivação. A motivação nos inspira a continuar praticando, e assim o processo continua, criando uma espiral ascendente e constante.

O Desejo Sincero de Viver no Agora

A motivação altruísta é um ponto essencial, pois a prática de Reiki nos leva para onde a motivação mandar. Queremos que a nossa prática seja expansiva, para podermos nós mesmos crescer e nos expandir. Entretanto, a motivação altruísta não significa que nós temos de sacrificar todo o interesse próprio em nome de um ideal abstrato e irrealizável de pureza altruísta. Isso seria tão sem sentido quanto o egoísmo total, pois essa falsa pureza altruísta não passa, na verdade, de mais uma forma de negação da realidade.

A motivação altruísta consiste simplesmente no seguinte: em que o nosso desejo mais sincero seja o de perceber conscientemente, em cada momento, a bondade original e total que sempre esteve presente em nós e em todos os seres desde toda a eternidade; seja o de perceber essa bondade para o nosso bem e para o bem de todos os seres, onde quer que eles se encontrem neste universo imenso.

A motivação altruísta faz com que a nossa prática se torne mais abrangente e mais ampla, e contrapõe-se a toda e qualquer tendência à estreiteza da mente. Se a nossa única motivação for o auto-engrandecimento, por exemplo, for a de nos tornarmos ricos e famosos com o Reiki, essa idéia certamente há de restringir em grande medida as possibilidades e os efeitos da nossa prática. Nesse caso, nós só faríamos o que fosse necessário para promover a nós mesmos. Tudo o mais seria deixado de lado. Precisamos nos perguntar: É essa uma conduta digna de alguém que pretende ser um agente de "cura"?

E quais seriam as repercussões de uma tal conduta sobre o nosso modo de ver a vida e de praticar o Reiki? Acaso não comprometeria a nossa consciência da disponibilidade contínua da Energia Universal da Força Vital? São esses alguns dos assuntos nos quais devemos meditar, pois são armadilhas que nos reconduzem a uma identificação ainda mais firme com o ego ou com a noção de um "eu" separado, que é a raiz de todo sofrimento.

Como o Reiki em si mesmo é ilimitado, nossa motivação deve identificar-se, em tamanho, com o alcance indeterminado da Energia Universal da Força Vital. Quando queremos usar o Reiki de maneira significativa, não temos escolha, exceto a de usá-lo para o sumo bem de todos os envolvidos. A prática regular do Reiki há de dar muita força a essa atitude de abertura, desde que estejamos dispostos a *sentir e a experimentar* livremente a energia em vez de aprisioná-la em conceitos. Se sentirmos e saborearmos a energia, também sentiremos e expressaremos automaticamente as quatro qualidades imensuráveis do amor, da compaixão, da alegria e da equanimidade — expressões naturais do Reiki para o sumo bem de todos os envolvidos.

Jura

No fim
não há perfeição
não há santuário
não há lugar especial
não há forma imaculada
a ser gerada.

só há ocasiões
em que o coração se abre.

Montado na crista da onda
dessas ocasiões,
juro desenhar

raios de luar entre os lírios d'água
e oferecê-los a ti numa taça.

— NARAYAN

Três Ciclos de Exercícios para Ajudar Você a Conhecer a sua Motivação

Para começar, leia cuidadosamente, no começo do livro, as sugestões gerais e específicas relativas às sessões de prática. Se for preciso, releia-as diversas vezes. Antes de começar o primeiro dos três ciclos de vinte e um dias, você precisa estar plenamente disposto a praticar os exercícios sem pausa até que os três ciclos estejam completos. Se você não tiver certeza de que está disposto a dedicar o tempo necessário aos exercícios todos os dias, do primeiro ao sexagésimo terceiro, nem sequer comece. Você só estaria contribuindo para reforçar a crença inconsciente de que este exercício (como todas as outras coisas que você faz na vida) não funciona, ou de que você é um perdedor. O segredo está na dedicação voluntária. Se você não tem certeza de estar comprometido com a prática, é melhor esperar até que esteja. Então, só trabalhe com as sessões de prática quando tiver certeza de que vai querer seguir em frente até completar os três ciclos. Decida-se a praticar somente uma rodada de três ciclos de 21 dias por vez (os três ciclos referentes a um único capítulo). Talvez você não queira ou não precise passar pelas sete rodadas. Se cumprir o seu compromisso com uma rodada, terá uma sensação de realização que lhe será benéfica quando o seu entusiasmo diminuir, o que certamente vai acontecer. Se precisar reler as instruções para o exercício de redação com tempo marcado, faça-o agora. Leia mais uma vez as *Sugestões Gerais para as Sessões de Prática*, que constituem o Prólogo deste livro.

Explore Sua Principal Motivação

Por vinte e um dias consecutivos, faça a cada dia uma sessão de 15 minutos de redação com tempo marcado, começando com a frase: "Meu verdadeiro desejo na vida é..." Escreva esse começo de frase em seu caderno e vá em frente, seguindo o fluxo da sua consciência.

Reflita Sobre o Inevitável

Por vinte e um dias consecutivos, passe 15 minutos de manhã ou à tarde contemplando a impermanência e a certeza da morte do corpo e da mente com os quais você atualmente está tão identificado. Faça um balanço da sua vida e pense nas coisas para as quais vale a pena você voltar a sua atenção no pouco tempo que ainda lhe resta. Não se obrigue a chegar a nenhuma conclusão. Simplesmente observe os pensamentos que surgem quando você vê claramente que esse corpo/mente pode morrer a qualquer segundo. Se você quiser escrever suas observações em outro caderno, faça-o depois de terminar a meditação. Não censure nenhum sentimento nem a conclusão a que você chegar. Compare o tempo de vida limitado do corpo/mente com a infinitude da Vida em Si Mesma. Qual é a diferença entre as duas coisas? Qual é o ponto de contato entre as duas? Como se dá esse contato?

Investigue a Sua Vocação

Por vinte e um dias consecutivos, faça a cada dia uma sessão de 15 minutos de redação com tempo marcado, começando com a frase: "Eu, enquanto agente de cura, me dedico a..." Escreva esse começo de frase em seu caderno e vá em frente, seguindo o fluxo da sua consciência.

CAPÍTULO 2

Iniciação

> Ó Deusa! Aquele que foi privado da iniciação
> não pode alcançar o sucesso nem terá um destino afortunado.
> Portanto, a pessoa deve buscar a iniciação
> *de um mestre qualificado.*
>
> — MANTRA YOGA SAMHITA

As iniciações nos diversos níveis ou Graus de Reiki constituem o núcleo da transmissão dessa prática. Sem elas, não haveria um sistema de cura chamado Reiki, pois é através das iniciações que os véus da consciência são retirados e a pessoa consegue o acesso direto à Energia Universal da Força Vital. O Reiki não pode ser aprendido em livros. Um livro sobre Reiki só pode fazer duas coisas: levar a pessoa que o lê a buscar a iniciação ou, caso a pessoa já tenha recebido a iniciação, levá-la a uma compreensão mais profunda da prática. Não pode, porém, ensinar o Reiki à pessoa.

Embora aparentemente não passe de uma forma simples de cura pela imposição das mãos, o Reiki ainda é um caminho iniciático e, por isso, uma tradição mística. Por isso, se quisermos aprender o Reiki em harmonia com o espírito de sua tradição, temos em primeiro lugar de cultivar a motivação adequada à prática, ou pelo menos ter dessa motivação uma idéia geral. Baseados nessa motivação, temos de buscar um mestre qualificado que possa nos dar a iniciação propriamente dita, ou seja, a transmissão direta de energia que abre os canais reikianos que permanecem adormecidos no nosso corpo — um mestre que possa nos levar passo a passo a assimilar plenamente esse conjunto de conhecimentos experimentais.

A Minha Iniciação no Reiki

Quando o Reiki entrou na minha vida, eu estava passando por um grande período de transição. Em dezembro de 1985, cinco meses antes desse acontecimento, eu me cansara de trabalhar na minha dissertação de doutorado e decidira largar a faculdade e embarcar num veleiro para viver aventuras. Inscrevi-me na tripulação de um iate que ia de San Diego, na Califórnia, até a Flórida, passando pelo Canal do Panamá. O próximo passo seria um safári na África. Eu achava que já havia aprendido tudo o que precisava na universidade, pois havia completado todas as disciplinas do programa de pré-doutorado. Também não me preocupava de ter o título de Ph.D. afixado ao meu nome, pois não tinha planos de passar a vida dando aulas nas salas sufocantes de uma faculdade. Nessa mesma época, uma outra coisa importante na minha vida terminara: eu tinha parado de recitar o *Sutra do Lótus*. Tinha praticado devotamente o Budismo nos três anos anteriores, mas de repente descobri que não conseguia mais recitar o sutra.

Confiante na minha intuição, embarquei no veleiro, sem saber que daí a menos de um mês estaria de volta a San Diego trabalhando na minha dissertação de doutorado. Dez dias depois de fazermos a vela em nosso belo iate de 80 pés destinado a Fort Lauderdale, o barco afundou em circunstâncias misteriosas e me vi forçada a voltar à Califórnia. Quis o destino que eu obtivesse aquele Ph.D.!

Olhando para trás, percebo que a inquietação que eu sentia não era tanto da vontade de fazer uma viagem exterior, mas sim de mergulhar no interior: mais perto da origem DAQUILO que eu realmente SOU. Não foi por acaso que voltei então ao meu antigo emprego numa clínica de massagens e comecei a ensinar massoterapia no *Institute of Psycho Structural Balancing*; nem foi por acaso que, nesse mesmo instituto, chegou uma mulher para dar aulas sobre um método de cura chamado Reiki, que naquela época era praticamente desconhecido. Depois de uma amostra de cinco minutos de tratamento, meu interesse se acendeu. Fiquei atônita com o efeito profundo que aquela simples imposição de mãos teve sobre o meu corpo. Eu me sentia incrivelmente relaxada e renovada, e a sensação palpável da energia correndo pelos meridianos me surpreendeu. Como seria de se esperar, me inscrevi no curso que ocorreria no fim de semana seguinte, e fiquei ainda mais entusiasmada depois das experiências extraordinárias que aconteceram comigo durante as iniciações de Primeiro Grau.

A verdade é que tive muita sorte. Senti-me atraída pelo Reiki numa época em que essa técnica ainda era relativamente desconhecida. Não havia então os chamados "grandes" mestres de Reiki que palmilham as ruas da cidade oferecendo um curso de 4 horas de Reiki de Primeiro Grau, seguido por outro curso de quatro horas de Segundo Grau no dia seguinte. Não havia também os professores mal formados que publicam livros que vão contra o protocolo, divulgando indiscriminadamente os símbolos sagrados e os procedimentos de iniciação; e não havia os inocentes desinformados que procuram licenciar e inadvertidamente secularizar uma antiga prática espiritual, submetendo-a aos ditames da regulamentação estatutária oficial. Trata-se de um critério absolutamente errôneo de virtude espiritual, devido ao caráter altamente manipulador da regulamentação estatutária, ou seja, sua imoralidade intrínseca (quando comparada à lei universal ou natural, na qual se baseiam as leis comuns). Em suma, naquela época o Reiki não estava totalmente banalizado como está hoje.

Diga-se de passagem que, hoje em dia, o mercado está congestionado de informações sobre o Reiki e sobre muitas outras tradições espirituais. Por um lado isso é muito bom, uma vez que nos fornece novas fontes de encorajamento e inspiração para a nossa jornada espiritual. Por outro lado, acarreta dois fatores que precisam ser cuidadosamente ponderados: um deles é a proliferação de muitas informações falsas, que precisam ser peneiradas; o outro é que, com todas as informações e livros disponíveis, o ego (depois de muita leitura) muitas vezes pode ser vitimado pela ilusão de que já "sabe tudo", ao passo que na verdade as tradições como o Reiki nunca podem ser "sabidas" ou "compreendidas" pela mente. Só podem ser diretamente vividas.

É essa identificação egóica com conceitos e informações espirituais que, quando ocorre num número significativo de pessoas, pode desencadear a trivialização ou banalização de uma tradição espiritual. É por esse motivo somente que os símbolos do Reiki deviam ter permanecido secretos (sagrados). Com efeito, livros como este só podem fazer referência a esses assuntos e, na melhor das hipóteses, levar você a compreender melhor suas próprias experiências ou inspirá-lo a adotar uma disciplina mais severa que, por sua vez, há de levá-lo a ter essas experiências.

Felizmente, no meu caso, não tive de me haver com a confusão de hoje em dia. Recebi a bênção de entrar em contato com o artigo original: uma mestra de Reiki no mais profundo sentido da palavra. Minha mestra Kate Nani foi formada por Maureen O'Toole, que aprendeu diretamente com Barbara Weber Ray e Hawayo Takata, a mulher que introduziu o Reiki nos Estados Unidos e no Canadá.

Naquela época, ainda prevalecia um respeito universal pelas iniciações místicas do Reiki, bem como uma compreensão da sacralidade dos símbolos. Essas duas noções me foram transmitidas de modo muito belo pela minha própria mestra. Durante a iniciação, o cuidado dela e o elevado estado de consciência em que entrava eram impressionantes. Eu realmente senti que algo muito diferente estava acontecendo comigo. Os resultados que obtive com as minhas mãos quando comecei a acrescentar o Reiki a meus trabalhos diários de massagem também foram fenomenais. Meus clientes começaram de imediato a fazer comentários: "O que foi essa estranha energia que eliminou esse bloqueio artístico? Como o Reiki conseguiu me deixar sem dor artrítica por tanto tempo? Dormi bem como não dormia há anos..." E por aí afora.

O que me impressionou mais foi a mudança que aconteceu em mim. Foi como se uma porta se abrisse na minha consciência e eu entrasse num novo mundo. A consciência parecia aumentar por si. Antigos hábitos desapareceram da noite para o dia e a autoconfiança que eu sempre tive, mas não sabia como expressar, começou a manifestar-se no exterior de maneira afirmativa mas agradável.

Lembro-me do entusiasmo que senti quando comecei a pensar em fazer o curso de Reiki de Segundo Grau. Com tudo o que me tinha acontecido em decorrência das iniciações de Primeiro Grau, eu sabia que a iniciação de Segundo Grau seria uma dádiva rara. Havia uma grande beleza na inocência daqueles dias, passados há não muito tempo. Nós ainda não tínhamos sido assoberbados pelo excesso de informação. Não havia a atitude de "vi isto, li aquilo, fui não sei aonde, fiz não sei o quê!" (o que significa simplesmente que você nem sequer começou a fazer o que professa fazer, mas que supostamente já deixou isso para trás há muito tempo). A obsolescência que hoje parece prevalecer nas rodas da chamada "nova era", e que faz com que tudo apodreça de dentro para fora o mais rápido possível, naquela época estava ainda no começo. Hoje é comum que as pessoas olhem de passagem para a capa de um livro e já acreditem saber tudo sobre o que ele contém. Nas tradições como o Reiki, porém, o fato é que é *impossível* conhecê-las com a mente. Só se pode vivê-las, pois, quando se chega à prática, o Reiki transcende totalmente a mente.

Além disso, as próprias iniciações não podem ser compreendidas pela mente. O paradoxo é que só podem ser "compreendidas" por pessoas dotadas de inteligência suficiente para perceber as deficiências e fraquezas da própria inteligência, entendida desta vez como uma faculdade da mente. Encontra-se um bom exemplo disso no anseio de buscar o autoconhecimento. Todos os grandes mestres, como Cristo, Buda, Mahavira e Krishna, encorajaram seus discípulos a conhecer a si mesmos. Esses seres sabiam, como sabia o meu Sat-Guru Shri H. W. L. Poonjaji, que na verdade não há um "eu" separado a ser realizado, e que é só no ato de buscar a origem do "eu" que essa realização pode finalmente ocorrer. Ramana Maharshi, mestre de meu mestre, fez a seguinte afirmação que exemplifica essa questão:

> *"A auto-realização não tem* absolutamente nada *que ver com a realização do Eu ou do Si Mesmo. Tem a ver com a percepção da ilusão da ignorância."*

É o pequeno "eu" ou ego, construído pela mente, que tenta a todo custo obter a iluminação. Em última análise, ele não pode obtê-la, pois nem sequer existe, exceto como estrutura da mente. O ego travestido de caminhante espiritual é o culpado que nos impede de conhecer a nossa verdadeira natureza. Identificados com esse eu separado e isolado, nós buscamos neuroticamente lá fora por algo que sempre esteve conosco, à espera de ser descoberto. O ego busca cada vez mais conhecimento: é literalmente viciado em conhecimento, do mesmo modo que é absolutamente apegado à sobrevivência. Seu único objetivo é o de garantir a sobrevivência do corpo neste mundo. Por isso, ele precisa aprender um número cada vez maior de truques para manter vivos a si mesmo e ao seu corpo. Quando buscamos a origem do ego, descobrimos por fim que ele não existe, e assim obtemos a iluminação. A ignorância, ou a sensação de que há algo que não sabemos, torna-se então uma questão inexistente, pois nesse estado encontramo-nos completamente unificados numa condição de saber e ao mesmo tempo de não saber. Em algum ponto entre esses dois extremos fica a nossa integridade intrínseca, a beleza do Silêncio que é o nosso verdadeiro ser.

Ritos de Passagem na Jornada para o Interior

Em diversos momentos, nós ouvimos o chamado para conhecer nossa verdadeira natureza. As iniciações podem ter a função de marcos que acentuam certos ritos de passagem na nossa vida, que nos põem em contato com a nossa origem. Quando nos sentimos atraídos por uma arte de cura, como o Reiki, o fato é que o nosso ser interior está nos chamando para dentro, para conhecer a integridade daquilo que somos realmente. Às vezes parece que a doença ou a necessidade de uma cura física ou emocional são os fatores que nos chamam a aprender o Reiki. Na verdade, porém, a doença não passa da manifestação exterior de uma mente perturbada, que chama a sua atenção para o que é realmente importante: o coração do nosso verdadeiro ser, que é o silêncio. Nossa verdadeira natureza *é* o Silêncio que se esconde em meio ao burburinho da vida cotidiana; *é* a imobilidade que se oculta em meio ao movimento.

Lá no fundo, nós sabemos quem somos. Depois de um longo período de distrações, de viver perdidos no mundo, na ilusão do samsara, quando o sofrimento das doenças e da confusão da vida egóica e mental se torna demasiado intenso, a paz nos chama para junto de si. Essa paz está sempre à nossa espera, à espera da nossa atenção, pois é o próprio substrato do nosso ser. O Reiki, a Força Vital Universal, *é* o próprio substrato do universo. Por isso, o Reiki, o Método Usui de Cura Natural, é um meio pelo qual podemos devolver a nós mesmos uma parte maior daquilo que *nós já somos*, até que, através das vibrações da energia, o corpo e a mente sejam curados e nasça a realização da nossa vastidão interior. É então que por fim percebemos que nós somos o próprio Reiki.

Iniciação Ritual e Iniciação Existencial

Na maioria dos casos, essa realização só ocorre depois de muitos anos. Para facultá-la, existem os estágios de iniciação entremeados de meses ou anos de prática. Assim, existem os ritos formais de iniciação, e também as iniciações que acontecem espontaneamente no decorrer da vida e da nossa prática do Reiki, franqueando-nos o acesso a níveis de existência cada vez mais profundos. Ambos os tipos de iniciação são igualmente importantes.

As iniciações formais nos servem de lembrete, e reavivam o vínculo que nos une ao poder de cura que flui através de nós pelo simples fato de termos nascido seres humanos. As muitas iniciações espontâneas que ocorrem no decorrer da vida e da prática nos vinculam com a experiência direta. Com elas, a promessa das iniciações rituais se torna uma realidade de que já não podemos duvidar. Por isso, as iniciações não são meras cerimônias realizadas em segredo, mas sim o próprio processo de aprofundamento da experiência e da consciência.

A pessoa que toma contato com o Reiki pela primeira vez recebe quatro iniciações ou transmissões de poder. Elas demarcam o nosso primeiro passo rumo a uma disposição maior de assumir a responsabilidade pela nossa vida e pela nossa felicidade. As transmissões de poder (também chamadas de sintonizações) ajudam a retirar os véus da consciência que nos impedem de perceber o vínculo direto que todos nós temos com a força vital do universo. Devido à completa identificação do ego e da mente com os cinco sentidos, que nos dão a ilusão de um eu separado, é difícil perceber a natureza não-dual da realidade.

Já sabemos pela física quântica que tudo é vibração e que a matéria sólida não existe — só existem variações de freqüência de vibração. Pelo estudo dos biofótons, também sabemos que todas as células do nosso corpo emitem uma espécie muito especial de luz. As primeiras transmissões de poder do Reiki nos religam de maneira palpável com a realidade da vibração e da luz, que é a base a partir da qual se desdobra a aparência de separação e corporalidade distinta. Essas transmissões diminuem em certa medida a densidade da nossa consciência, de modo que o novo praticante seja capaz de perceber melhor a luz e a energia que estão à espera de ser descobertas e utilizadas.

Durante os primeiros anos de prática, mesmo depois da iniciação de Segundo Grau, essa energia parece que é extraída de uma fonte fora de nós mesmos. O fato de que não somos nós que estamos no corpo, mas o corpo que *está em nós*, ainda não passa de uma idéia. A forte identificação com os cinco sentidos corpóreo-mentais nos mantém atados a um relacionamento subjetivo-objetivo com a realidade. Em geral, são necessários anos e anos de prática, às vezes décadas, para que a experiência direta da unidade com toda a existência lance raízes em nós. Nos primeiros anos de prática do Reiki, a energia captada colabora para a cura do corpo e da mente e para a liberação de muitas toxinas. De modo lento, gradual e seguro, a mente também começa a se aquietar, e pode acontecer o primeiro vislumbre de não-dualidade.

No Segundo Grau, o praticante recebe mais uma iniciação, da qual resulta uma nova elevação da freqüência vibratória, que literalmente muda tanto o corpo etérico ou energético quanto o próprio corpo físico, no nível celular. Em conseqüência disso, a densidade dos antigos pensamentos e emoções guardados no corpo diminui, como havia ocorrido também depois das quatro primeiras transmissões de poder. Camadas mais profundas das freqüências mais densas são forçadas a vir à luz para serem trabalhadas, pois já não se harmonizam com a nova freqüência vibratória da energia do amor comunicada pela iniciação. Os símbolos transmitidos no curso de Reiki de Segundo Grau como parte do ensinamento também podem ser assimilados em virtude dessa mesma transmissão de poder.

As pessoas maduras o suficiente para compreender plenamente os benefícios do Segundo Grau, e dotadas de motivação para fazer uso desses benefícios, podem se ver livres de antigos hábitos. O Segundo Grau nos inicia na capacidade de aplicar tratamentos instantâneos através do espaço e do tempo a outras pessoas e também a você mesmo no passado, mas o verdadeiro ímpeto vem mais uma vez do autotratamento. Purificações físicas e emocionais continuam a ocorrer depois do segundo Grau, como ocorreram no processo de purificação de 21 dias depois do Primeiro Grau. Um novo e poderoso símbolo mental (um dos três transmitidos na iniciação de Segundo Grau), para a eliminação de bloqueios energéticos, começa a ser usado. Com ele, podem ser mais facilmente liberadas as energias congeladas em certas partes do corpo, onde nossos juízos e opiniões ficam armazenados.

A mente, com todos os seus pensamentos, não fica contida somente no cérebro, mas também em toda a estrutura celular do corpo. Certos tipos de pensamentos, com as emoções a eles associadas, ficam armazenados em determinados locais. As preocupações "cardíacas", por exemplo, como a necessidade de amor e aprovação, os ciúmes e os complexos de inferioridade, ficam armazenados no peito, perto do coração corpóreo. As questões de poder ficam armazenados na área do plexo solar, e assim por diante. Descrevi minuciosamente essas relações num de meus livros anteriores, *Empowerment Through Reiki*, no capítulo sobre a psicologia do corpo. Com os ensinamentos que acompanham a transmissão de poder do Segundo Grau, o praticante aprende novas técnicas para purificar o corpo emocional.

Depois de um período de vários meses, ou mais comumente de vários anos, de trabalho intenso de Segundo Grau aplicado à sua própria história pessoal, uma experiência direta do Si Mesmo se torna possível. Pode ocorrer até a percepção imediata da *não-existência* do tempo e do espaço. Em outras palavras, no que se refere à sua própria prática, o Segundo Grau pode levá-lo até o fim do caminho. Em virtude da essência transmitida pelo mestre amadurecido que passa a iniciação do Segundo Grau, o Terceiro Grau (especialmente o chamado 3A, que tem proliferado tanto e ao qual me oponho tão tenazmente, pois o "meio" mestre é algo que não existe) é absolutamente desnecessário para "fortalecer o seu poder espiritual". A iniciação de Terceiro Grau, por exemplo, só pode ser dada a um praticante devidamente preparado e que tenha praticado o Reiki de Segundo Grau por pelo menos três anos, às vezes mais.

"Uma Observação Mais Profunda do Processo de Iniciação"

Reiki é uma forma simples de cura pela imposição das mãos. Como o próprio Dr. Usui era um budista tendai praticante, suas raízes provavelmente incluem uma ligação com o Vajrayana do Budismo Tântrico. Portanto, a forma particular de vajrayana japonesa chamada Tendai, que apresenta muitas semelhanças com outra forma do tantra Japonês, chamado Shingon, talvez tenha inspirado o Reiki. A partir da inscrição da pedra memorial no túmulo do Dr. Usui, localizada num cemitério público em Tóquio, podemos concluir que, como fundador do movimento Reiki, ele de fato praticou alguns sistemas esotéricos de meditação, cura e adivinhação durante toda a sua vida. Neste ponto, não sabemos exatamente de que maneira as sintonizações ou iniciações estavam ligadas a ou eram inspiradas por outras tradições esotéricas. Entretanto, ao olhar mais de perto para a estrutura de algumas outras tradições relacionadas com o Reiki (ao menos em espírito) que também usam iniciações ou sintonizações, podemos aprofundar a nossa compreensão do valor das iniciações do Reiki. Independentemente da sua forma exterior ou da tradição à qual pertençam, as iniciações são rituais destinados a despertar a semente da iluminação e/ou aumentar a nossa receptividade para sermos capazes de receber e partilhar energias que podem curar a nós mesmos e aos outros. Elas invocam o senso do sagrado de que o nosso mundo atual sente tanta falta no dia-a-dia.

Existe a estrutura básica encontrada na tradição tântrica, ou a que é chamada *abhisheka* no Tantra budista, *mantri diksha* na tradição hindu ou *kanjo* na shingon, que é semelhante aos diferentes graus da prática Reiki que estamos transmitindo. Na tradição tântrica, tanto na budista quanto na hindu, a iniciação pode assumir muitas formas, dependendo do seu objetivo e do modo particular de transmissão de mestre a discípulo que predomina numa determinada linhagem. No livro *Tantra — The Path of Ecstasy*, de Georg Feuerstein, o autor menciona os quatro tipos de iniciação especificados no Sharada Tilaka Tantra. São eles:

1. A transmissão de poder através de rituais, chamada *kriyavati diksha* ou *mantri diksha;*
2. A transmissão de poder através do despertar do poder do som, que gera mais tarde a experiência direta do poder da Consciência; esta iniciação chama-se *varnamayi diksha;*
3. A transmissão de poder mediante a colocação de energias sutis no receptáculo físico do iniciado, o que suscita a manifestação imediata dos seus poderes; este tipo se chama *kalatma diksha;*
4. A transmissão de poder mediante o despertar direto da Kundalini no chakra da raiz e a sua condução segura até o chakra coronário, o que garante a imediata libertação do ciclo de nascimento, morte e renascimento; este tipo se chama *vedhamayi diksha.* Como sugere o termo sânscrito *vedha,* nesta forma de iniciação o corpo e a mente do discípulo são perfurados diretamente pela energia luminosa da linhagem de transmissão, que pode se manifestar como uma experiência da felicidade não-causal, com tremores

no corpo, como uma sensação de nascer de novo; pode também fazer com que o iniciado desmaie ou mergulhe num sono profundo e sem sonhos.

Na tradição Shingon japonesa, que constitui a raiz das práticas do próprio Dr. Usui e a inspiração de tudo o que depois se tornou mundialmente conhecido sob o nome de Reiki, a iniciação se classifica basicamente em três categorias, que, em essência, não são muito diferentes da *kriyavati diksha* exposta no *Sharada Tilaka Tantra* e mencionada por Georg Feuerstein. O primeiro tipo de iniciação shingon é a cerimônia formal chamada *kanjo*, realizada perante uma mandala de iniciação com toda a parafernália tradicional dos rituais do *Mantrayana*.

A palavra Shingon, numa tradução literal, significa "palavra verdadeira" e é a tradução japonesa do termo sânscrito "mantra". O Shingon é o caminho da "palavra verdadeira", ou do mantra. Logo, o Budismo Shingon é a versão japonesa do *Mantrayana* ou *Vajrayana*, o Caminho do Diamante da realização instantânea. O segundo tipo de iniciação shingon é uma versão simplificada do primeiro, pois faz um uso mínimo de rituais e objetos. O terceiro tipo é a iniciação chamada *ishin kanjo*, ou "transmissão pelos fundamentos da mente". No *ishin kanjo*, não existem formas exteriores predeterminadas nem rituais externos. É considerado o tipo mais elevado de iniciação e assemelha-se ao *vedhamayi diksha* das linhagens tântricas hindus, na medida em que a energia é despertada e convocada diretamente, sem o uso de nenhum meio exterior.

Como nas tradições hindu e tibetana (*Vajrayana*), existem muitas outras formas possíveis de classificação das iniciações, como os chamados "cinco reinos" que, no Shingon, referem-se à profundidade de consciência atingida pela iniciação. Esses cinco níveis começam com o do principiante que contempla a essência de uma distância segura e só tem um rápido vislumbre da mandala, e terminam com a transmissão direta do dharma (a sucessão na linhagem de mestres), que franqueia ao iniciado o acesso à realização de todas as gerações anteriores de mestres do Shingon. Como no *vedhamayi diksha*, somente os praticantes extraordinários, com muita preparação nesta vida ou em vidas anteriores, podem penetrar no caminho da transmissão direta e se tornar verdadeiros herdeiros e transmissores do Dharma. Por isso, é importante ter-se em conta que o efeito da iniciação depende em grande medida da qualidade do vaso que a recebe.

No Reiki de Primeiro Grau, a iniciação transmitida é muito simples e consiste em quatro "sintonizações" separadas. Como a prática leiga do Reiki é feita sob medida para pessoas que talvez só estejam interessadas no simples combate ao *stress* ou na obtenção de benefícios físicos gerais, a forma assumida por essas iniciações pode grosso modo ser comparada ao *kriyavati diksha* do Tantrismo hindu, ou à iniciação de "formação de vínculo" (*kechi-en*) do Budismo Shingon. As quatro transmissões de poder são dadas em quatro rituais separados e podem ser passadas a qualquer discípulo iniciante.

As pessoas reagem à iniciação de maneiras diversas. A maioria tem uma profunda sensação de relaxamento. Algumas têm visões de cores ou formas. Umas poucas sentem tremores no corpo ou derramam lágrimas quando sentem o coração se abrir. Cada pessoa reage de acordo com o seu grau de desenvolvimento espiritual e os acontecimentos que estão ocorrendo na sua vida na época. Alguns, cuja aparência ou conduta exterior não nos permitiria esperar tal coisa, têm na verdade uma grande quantidade de experiência espiritual acumulada de vidas passadas, tendo às vezes se dedicado à *sadhana* por diversas existências. Para esses, a reação à iniciação pode assumir um caráter dramático. No todo, porém, não se deve dar muita importância aos fenômenos ou reações exteriores. O principal é o que ocorre depois, durante a prática propriamente dita. Os fenômenos que se manifestam são apenas uma amostra do pleno potencial que pode se atualizar com a prática diligente.

A Iniciação de Segundo Grau incorpora alguns elementos da *varnamayi diksha* e da *kalatma diksha*, na medida em que certos sons ou símbolos são como que incrustados na consciência junto com as energias correspondentes. No Budismo Shingon, esse nível geralmente é chamado de "iniciação de recebimento de mantra" ou *jumyo kanjo*. Quanto mais amadurecidos o mestre e/ou o discípulo, tanto mais imediatamente palpáveis são os resultados. Mais uma vez repito que o mais importante é encontrar um mestre maduro cuja linhagem no Reiki remonte ininterruptamente até o Dr. Usui. É essencial que o seu mestre conheça a linhagem dele, a fim de que você possa ter certeza de que está recebendo a transmissão correta.

Reiki é uma Tradição Sagrada como Qualquer Outra Tradição Ampla e Honrada pelo Tempo

As referências acima às antigas e honradas formas de transmitir iluminação, reconhecimento direto e energias de cura de uma geração de praticantes para a seguinte, não foram feitas para estabelecer uma ligação histórica em que nenhuma pode realmente existir. Elas são feitas para acentuar o senso do sagrado com que uma tradição como o Reiki merece ser tratada. Este senso e respeito do sagrado não implica que devamos adorar ou idolatrar o Reiki, ou o seu fundador, ou o nosso próprio mestre de Reiki. O senso do sagrado, quando ele entra na nossa vida de qualquer forma, como acontece com o Reiki, só serve para abrir os nossos corações para nos tornar capazes de receber e partilhar esse dom tão grande como o amor e a compaixão. Isto também implica que, com a compreensão direta do seu senso do sagrado, e como canais do Reiki, nós não desonremos a Energia da Força Vital Universal transformando-a num meio de obter alguma mesquinha finalidade pessoal. E, também, que não aprisionemos essa energia ilimitada numa confusão de interesses mundanos especiais, que não a regularizarão, policiamento ou colocação sob a jurisdição de pessoas que não tiveram experiência direta nem entendimento dos seus princípios regentes. Como Energia Universal da Força Vital, o Reiki é regido pela Lei Universal, não pelas regras basicamente insignificantes que todos os códigos de conduta humana representam, os quais são destinados unicamente a salvaguardar interesses especiais, seus incrementos e suas fontes de enriquecimento pessoal. A disponibilidade do Reiki autêntico diminuirá quando a urgência de controlá-lo e regulá-lo assumir a direção. Portanto, o nosso senso do sagrado da Energia Universal da Força Vital precisa ser estimulado. Igualmente, precisamos aprender a apreciar e a respeitar profundamente o papel da iniciação para manter vivo esse vínculo sagrado entre as gerações de praticantes.

Embora seja difícil para nós, e um pouco contrário à programação da nossa mente ocidental concentrada no controle externo, precisamos ver a transmissão do Reiki como parte de uma tradição ampla e honrada pelo tempo. Essa tradição precisa ser respeitada em seus próprios termos, visto que não pode ser captada e também não pode ser mantida vibrantemente viva nos termos do nosso condicionamento social, simplesmente porque seu verdadeiro propósito é ir *além desse tipo de condicionamento — para transcender totalmente todas as suas limitações*. Por essa razão, no passado, as habilitações ou iniciações só eram dadas a uns poucos e somente depois de um longo período de provas às quais o aspirante tinha de se submeter. Na tradição Shingon ou Tendai, por exemplo, os diferentes níveis de iniciação eram cuidadosamente guardados, senão eles poderiam cair em mãos erradas.

Num antigo texto chinês se diz especificamente que certos segredos espirituais só devem ser passados para três estudiosos humanos a cada setecentos anos, ao passo que outros só podem ser transmitidos a cada mil anos a uma única pessoa. Isso, de fato, não é dito no sentido figurado, mas deve ser entendido literalmente. Entretanto, mesmo se nós, no nosso modo ocidental "esclarecido", preferirmos lê-la no sentido figurado, a afirmação ainda alude à importância de iniciar somente aqueles que sejam veículos prontos, a fim de não acabarmos jogando pérolas aos porcos.

Incidentalmente, este não é um julgamento moral do caráter de ninguém. Ele apenas destaca um fato da vida: muitas pessoas nunca terão uma vaga idéia da grandeza nem do senso de sagrado do Reiki e, portanto, o corromperão e macularão. Isso acontece inconscientemente e algumas vezes com a melhor das intenções. Como diz o ditado, "o caminho do inferno está pavimentado de boas intenções". Isso de fato aconteceu com o Reiki e, se continuar, finalmente a essência do Reiki se perderá. Em outras palavras, de um ponto de vista, trata-se de uma pura consideração prática que as sintonizações do Reiki sejam respeitadas e honradas do mesmo modo que um *diksha* tântrico hindu, um *vajrayana* ou configuração *abhisheka* tibetano, ou uma cerimônia *kanjo* Shingon e sua contraparte Tendai.

O desrespeito pelo sagrado é altamente evidente quando você olha para alguns dos mais recentes desenvolvimentos na comunidade Reiki ocidental e sua interação com a sociedade como um todo. Por exemplo, cobiça e incompetência da parte de alguns mestres do Reiki e de praticantes atraíram a atenção das cortes e resultaram em regras que comprometem gravemente a abertura, a eficácia e o senso do sagrado do Reiki. Infrações também foram cometidas por organizações profissionais e grupos especiais de interesse que, visando proteger o seu monopólio, passaram a exigir a regularização legal do Reiki. Essas contravenções continuam a ser muito nocivas.

No momento em que os interesses mundanos começarem a interferir no domínio do espírito, a essência espiritual se dissipará. Isso é inevitável, visto que somente o reino do espírito pode informar este mundo com sabedoria e compaixão. Por outro lado, o mundo secular não pode informar nada ao mundo espiritual, a não ser seus inúmeros poluentes, tais como a ignorância, a cobiça e o ódio, que vêm sob muitos disfarces e com freqüência dão a impressão de serem razoáveis. Portanto, é de grande importância que este reino mundano se aproxime do espiritual com respeito e reverência. Por este motivo, as transmissões espirituais como o Reiki, precisam manter sua pureza através do seu senso de sagrado inerente, motivo pelo qual o entendimento correto do papel da iniciação é tão crucial.

A Importância da Iniciação Verdadeira

Uma triste tendência que tenho visto ocorrer hoje em dia é que muitos alunos que me procuram para fazer perguntas sobre uma classe de Reiki de Primeiro Grau de um dia (às vezes, de apenas meio-dia) têm sérias dúvidas sobre a sua eficácia. Na maioria dos casos, o professor não sabe quase nada sobre o Reiki propriamente dito, exceto o que leu num ou noutro livro; e sabe muito pouco sobre a pessoa que lhe transmitiu a iniciação. Além de esses alunos não terem recebido quatro iniciações separadas, não receberam os ensinamentos mais importantes nem tiveram tempo de aprender como é a prática do Reiki. Parece que muitos alunos desses "professores" nunca chegam a tentar praticar o Reiki. Uns poucos, que têm mais sorte, nasceram já com um dom de cura e me dizem que sentem um calor nas mãos, ou que "algo" lhes aconteceu nessas aulas rápidas. É evidente, porém, que sempre é possível sentir alguma coisa. Isso não é incomum. Poder impor as mãos sobre outra pessoa e curá-la é um direito natural de todo ser humano. Para fazer isso, não é preciso receber as iniciações do Reiki. Em essência, o que esses alunos receberam foi a confiança necessária para curar pela imposição das mãos. O que não receberam foram as iniciações verdadeiras.

A importância da verdadeira iniciação reikiana está na semente de iluminação que ela planta na alma do iniciado quando é transmitida por um mestre qualificado. Todas as iniciações espirituais, entre as quais se incluem as do Reiki, têm esse fato por base. Talvez seja útil conhecer o sentido das duas principais palavras sânscritas que designam a iniciação: *diksha* e *abhisheka*. As raízes da palavra *diksha* são *dana*, dar, e *kshapana*, destruir. A iniciação tem o objetivo de destruir os vínculos que mantêm o discípulo na ignorância e dar-lhe o autoconhecimento que conduz à libertação. *Abhisheka* refere-se ao antigo ritual indiano de coração de um monarca. No decorrer do ritual, a cabeça do rei era ungida com águas dos "quatro mares", o que lhe dava poder sobre as quatro direções do reino. Como ser verdadeiramente soberano é ser verdadeiramente livre, os rituais de *abhisheka* mais tarde passaram a fazer parte da transmissão espiritual do caminho da libertação.

Através da Graça misteriosa que se faz presente na iniciação, o discípulo é religado ao nível mais profundo do seu ser soberano. A partir daí, a alquimia interior da fusão de consciência e energia causa a dissolução das *vasanas* ou obscurecimentos, que na terminologia budista se chamam *samskaras*. Os antigos padrões e hábitos podem então subir à tona para serem percebidos com mais consciência. Se o discípulo se dedicar e fizer uso disciplinado das práticas que lhe são ensinadas, a realização pode manifestar-se espontaneamente.

Através da prática constante, ocorre uma purificação. No Reiki, esse processo pode intensificar-se por cerca de vinte e um dias depois das iniciações. Chamamos esse período de "processo de purificação de vinte e um dias". A purificação pode ser tanto física quanto emocional. Para certas pessoas, é um processo muito intenso, ao passo que para outras é mais brando. Cada pessoa recebe exatamente aquilo para que está preparada, e na exata proporção do que é capaz de aceitar. Esse processo geralmente continua de forma mais branda por tanto tempo quanto a pessoa seja capaz de manter uma prática disciplinada.

A Iniciação Precisa Ser Validada pela Prática e pelas Nossas Atitudes de Vida

Podemos ir ainda um passo além e considerar essa purificação contínua como mais uma forma de iniciação, que desta vez não se manifesta como um ritual, mas no nosso contato espontâneo e cotidiano com nossos verdadeiros sentimentos e experiências. Quanto mais nos abrimos ao fluxo das circunstâncias da vida a cada momento, e sobretudo às nossas reações a essas circunstâncias, tanto mais a vida se torna a nossa maior mestra. A disposição de receber tudo quanto a vida nos dá, quer seja cômodo ou incômodo, alegre ou triste, "bom" ou "mau", também tem o efeito de nos desvendar o verdadeiro mistério da iniciação genuína, que é a receptividade total ao livre fluxo da força vital que passa por nós na nossa chamada vida cotidiana. Assim, a vida cotidiana transforma-se como que por magia, mas na verdade por obra da nossa nova consciência: uma consciência causada pela simples *disposição* para receber e sentir.

Vamos dizê-lo sem rodeios: a iniciação mística, nesta ou naquela forma de amor "cósmico", é uma causa perdida para a pessoa que se perde em seus conceitos mentais e se deixa levar pela resistência, pois a iniciação seria considerada por ela como um inútil amontoado de gestos sem sentido. Esses gestos tiram seu significado do sentimento de amor e da partilha do amor na nossa vida. Em outras palavras: quem recebeu qualquer tipo de iniciação tem o dever de unir a prática à teoria para que a iniciação se valide, se torne real na sua vida.

As Iniciações Eliminam os Resíduos Kármicos

Outro resultado útil da iniciação é a queima de resíduos e tendências kármicas. Percebi isso logo no primeiro ano em que trabalhei com Reiki. Em 1987, eu tinha por princípio só iniciar crianças com mais de oito anos de idade que conseguissem ficar sentadas e quietas numa aula dada para adultos (e só no Primeiro Grau). Na época, eu achava que as crianças têm um vínculo natural com a Energia Universal da Força Vital, uma vez que ainda não foram totalmente levadas, pelo condicionamento, a buscar conhecimento e poder fora de si mesmas. Assim, não me sentia inclinada a iniciar crianças muito novas. Minha outra exigência era (e ainda é) que a criança quisesse aprender o Reiki de livre e espontânea vontade, e não por instigação dos pais.

Certo dia, recebi um telefonema de uma mulher do Colorado, para onde eu ia viajar para dar aula. Ela disse que sua filha queria assistir também à aula. Teria problema? Naturalmente, supus que a criança já tivesse idade para ficar quieta na aula e só perguntei à mãe se a menina tinha um interesse pessoal pelo Reiki.

Quando cheguei ao Colorado no dia combinado, fui recebida por dezesseis adultos e uma menininha loira que, evidentemente, não tinha ainda cinco anos de idade. Minha reação mental imediata foi a de dizer: *Não*, essa menina é nova demais. Mas, quando conversei com a menina a sós e constatei que ela de fato tinha muita vontade de aprender o Reiki, minha intuição me disse claramente para deixá-la ficar. Passei por cima de minhas reticências (afinal de contas, ela só tinha quatro anos) e deixei que assistisse às aulas. Naturalmente, ela era incapaz de prestar atenção às palestras e explicações; por isso, durante a aula, deixávamos que ficasse desenhando. Na hora das iniciações, porém, ela ficava muito quietinha, e participou de todos os tratamentos de Reiki.

Seis meses depois, quando voltei ao Colorado, a mãe da menina me ligou entusiasmada. Disse: "Paula, não consigo acreditar, mas algo muito importante mudou na Janie. Eu não tinha lhe dito nada, mas o fato é que, até o dia em que recebeu o Reiki, a Janie sempre dizia com absoluta segurança que nós não éramos os verdadeiros pais dela. Descrevia aqueles que ela considerava os seus 'verdadeiros pais' e falava de uma casa e de um lugar totalmente diferentes que seriam também a sua 'verdadeira casa'. Isso começou logo que ela começou a falar e durou bem mais de um ano. Depois das iniciações de Reiki, esse comportamento não se repetiu mais. Ela finalmente começou a se sentir em casa e parou de falar dos seus 'pais verdadeiros'. Agora está muito mais feliz e gosta de nos tratar com 'zaps' de Reiki (breve imposição de mãos) o que é típico da pouca capacidade de concentração dessa idade."

Esse telefonema me deixou muito contente. Esse incidente, ao lado de alguns outros que me aconteceram ao longo dos anos, me deixou bem claro que as iniciações reikianas têm o poder de apagar antigas marcas (como no caso de Janie, em que as memórias de sua vida passada a impediam de se sentir em casa com a sua própria família) e de eliminar todos os obscurecimentos kármicos.

Uma Iniciação de Vida

As iniciações ritualizadas podem ser um poderoso ponto de virada na nossa vida. Elas nos dão uma espécie de "ignição" e nos ajudam a despertar para certos aspectos do nosso ser que, no decurso normal das coisas, nós não percebemos ou não queremos perceber. A consciência e a percepção são importantes, pois é no ato de perceber os nossos antigos hábitos ou obscurecimentos kármicos que essas mesmas limitações perdem o poder que têm sobre nós.

Ao contrário do que pensamos, a rotina da vida cotidiana *não* exige de nós um alto grau de atenção *consciente*. Na maioria dos casos, o piloto automático é mais do que suficiente. Nem mesmo um intelecto altamente desenvolvido vem necessariamente acompanhado da atenção consciente. Os intelectuais muitas vezes vivem como sonâmbulos, à semelhança de todos os outros, ou mesmo mais do que os outros. Em virtude do processo de condicionamento de que nos orgulhamos e que chamamos pelo nome pomposo de "educação", a atenção da consciência ficou entorpecida em nós. Por isso, precisa ser promovida e alimentada, e as iniciações espirituais são um dos meios de que dispomos para nos abrir a essa consciência; uma consciência que está somente à espera de ser percebida, como o amor que vive ao nosso redor à espera de ser reconhecido.

Quando nos dispomos a despertar, a vida nos oferece suas próprias iniciações para nos ajudar nesse processo. Lembro-me de um incidente que aconteceu em 1989 e que me marcou muito. Eu estava na Espanha ensinando o Primeiro e o Segundo Graus para duas turmas separadas em Valência. Estava acompanhada do homem com quem namorava na época. Ele mesmo era um conhecido condutor de seminários e estava coordenando alguns *workshops* no mesmo lugar que eu. Acabávamos de nos reencontrar depois de uma viagem dele à Suíça, onde ele passara dez dias na companhia de U. G. Krishnamurti, famoso místico indiano. Pelo comportamento dele ao chegar, vi que ele tinha sido profundamente afetado pela experiência.

Meu amigo era do tipo que sempre gosta de desafiar a si mesmo e às pessoas que o rodeiam (nesse ponto, ele é semelhante a mim). Começou a "pegar no meu pé" por causa do meu jeito de ensinar (acabara de fazer uma aula de Reiki comigo). Disse-me que eu estava falando demais sobre conceitos espirituais e que alguns dos meus ensinamentos não tinham nada a ver com a realidade. Gostou das minhas iniciações e das instruções básicas, mas disse que as descrições que eu fazia do Reiki eram apenas conceitos sem base real.

Eu conseguia ver um certo sentido no que ele dizia, mas não o compreendia totalmente. Obviamente, eu tinha uma resistência para aceitar as críticas que ele me fazia, pois, afinal de contas, e pelo que eu podia ver, todas as outras pessoas adoravam as minhas aulas, e isso sem falar no efeito poderoso das iniciações, especialmente as de Segundo Grau. Eu sabia que não podia estar fazendo tudo errado!

Naquela mesma semana, dei uma aula de Reiki de Segundo Grau para alunos avançados. Eu estava passando as iniciações quando de repente percebi algo. É difícil descrever com palavras o que aconteceu. Num momento, eu estava contente, transmitindo as iniciações com toda a reverência. Sentia a presença palpável das energias que eram transmitidas para cada pessoa. Mas, a certa altura, uma tremenda expansão aconteceu. Veio sobre mim uma quietude, e, de algum modo, uma consciência da majestosa vastidão da realidade. Tudo isso pareceu não durar mais do que alguns minutos. Quando minha mente voltou a funcionar, tive imediatamente o pensamento: "Minha nossa! Não há absolutamente nenhum conceito que possa explicar ou descrever isto!" A mente então, de algum modo, relacionou esse pensamento com o que meu amigo tinha me dito, e imediatamente fiquei cheia de remorso pelo modo como estava ensinando o Reiki. Senti, naquele momento, que eu estava apequenando o Reiki com os meus conceitos, que eu estava vivendo e ensinando uma mentira. De repente, fiquei terrivelmente ansiosa. Evidentemente, o ego tinha entrado de novo em cena e estava se identificando com o meu remorso. Os participantes ainda estavam sentados em silêncio, em círculo e de olhos fechados, na sala de iniciação. Por isso, saí silenciosamente e fui em busca do meu amigo. Eu tinha de lhe contar sobre a minha intuição. Eu sentia que não podia continuar ensinando o Reiki, nem mesmo na aula que eu já estava dando. Continuar seria falta de integridade. Nenhum dos meus conceitos fazia sentido algum.

Quando encontrei meu amigo e lhe expliquei a minha experiência e a minha revelação, ele começou a rir: "Paula, agora você compreendeu!", disse. "Agora você já sabe do que eu estive falando. Não entenda mal o que eu disse. Você é uma excelente professora, mas estava muito apegada aos conceitos espirituais que leu nos livros e dos quais não tinha nenhuma experiência direta. Agora você pode deixar de lado a sua 'conversa para boi dormir' e simplesmente ensinar o Reiki básico. Deixe que a presença da sua consciência simplesmente se irradie para os seus alunos. Eles vão absorvê-la como que por osmose."

Essa experiência, que foi totalmente espontânea, tornou-se uma das grandes etapas no meu caminhar pelo Reiki. Quando comecei a ensinar Reiki, em 1987, minha cabeça estava tão cheia de conhecimentos intelectuais, de uma imensa quantidade de informações sobre cura, que esses conceitos eram expressos a todo momento nas minhas aulas. Era muito mais do que os meus alunos precisavam naquela época. O engraçado é que a coisa que mais me atraiu no Reiki, a princípio, foi a sua absoluta simplicidade, que eu acabara enterrando debaixo dos meus conceitos.

Depois desse incidente, meu jeito de ensinar mudou radicalmente. Comecei a me concentrar no Reiki simples e básico, sem os acréscimos supérfluos. A inteligência superior do meu coração verdadeiramente nasceu dentro de mim quando eu percebi que o apego aos conceitos, até mesmos aos "bons" conceitos, estava atrasando o meu progresso.

Com essa consciência, comecei a progredir mais ainda. Provavelmente, foi isso que me levou à grande iniciação seguinte, um radical desnudamento de todas as minhas antigas camadas de sofrimento, tristeza, raiva e ira. Mas essa é outra história... Entretanto, o mais importante é perceber que essa iniciação dada pela própria vida me religou à simplicidade absoluta do Reiki.

Grande Mistério

Grande Espírito
Grande Mistério

Tua sabedoria
o meu Coração.

Colinas de álamos murmurantes
rochas lavadas de branco

Cantam com a voz das folhas
do vento, da Terra e do Céu.

Grande Espírito
Grande Mistério

Tudo o que é
É o meu coração.

Vim aqui
para conhecer
e sentir plenamente

Aquele que conhece
e sente Isto.

— Narayan

Três Ciclos de Exercícios para Ajudar Você a Aprofundar a sua Compreensão da Iniciação

Para começar, leia cuidadosamente no começo do livro as sugestões gerais e específicas relativas às sessões de prática. Se for preciso, releia-as diversas vezes. Antes de começar o primeiro dos três ciclos de vinte e um dias, você precisa estar plenamente disposto a praticar os exercícios sem pausa até que os três ciclos estejam completos. Se você não tiver certeza de que está disposto a dedicar o tempo necessário aos exercícios todos os dias, do primeiro ao sexagésimo terceiro, nem sequer comece. Você só estaria contribuindo para reforçar a crença inconsciente de que esse exercício (como todas as outras coisas que você faz na vida) não funciona, ou de que você é um perdedor. O segredo está na dedicação voluntária. Se você não tem certeza de estar comprometido com a prática, é melhor esperar até que esteja. Então, só trabalhe com as sessões de prática quando tiver certeza que vai querer seguir em frente até completar os três ciclos. Decida-se a praticar somente uma rodada de três ciclos de 21 dias por vez (os três ciclos referentes a um único capítulo). Talvez você não queira ou não precise passar pelas sete rodadas. Se cumprir o seu compromisso com uma rodada, terá uma sensação de realização que lhe será benéfica quando o seu entusiasmo diminuir, o que por certo vai acontecer. Se você precisar reler as instruções para o exercício de redação com tempo marcado, faça-o agora. Leia mais uma vez as *Sugestões Gerais para as Sessões de Prática*, que constituem o Prólogo deste livro.

Lembre-se das Iniciações que a Vida lhe Deu

Durante vinte e um dias consecutivos, faça a cada dia uma sessão de 15 minutos de redação com tempo marcado, começando com a frase: "Certo dia, a vida me iniciou da seguinte maneira:..." Escreva esse começo de frase em seu caderno e vá em frente, seguindo o fluxo da sua consciência.

Transforme as Lembranças do Passado

Durante vinte e um dias consecutivos, faça tratamentos à distância (de Segundo Grau) sobre as lembranças e acontecimentos que lhe vieram à mente durante as sessões de redação com tempo marcado sobre as iniciações dadas pela vida, e trate especificamente dos mais desagradáveis. Se você ainda não recebeu o Segundo Grau, escreva resumos desses acontecimentos em pequenas folhas de papel e trate-as com Reiki de Primeiro Grau. Sinta plenamente tudo o que lhe vier ao coração. Você não está tentando eliminar os seus sentimentos por meio do Reiki, mas sim permitindo que esses sentimentos venham à tona por meio da Energia Universal da Força Vital.

Mude suas Rotinas Inconscientes

Faça uma lista de três hábitos típicos que você sempre repete e que se tornaram rotinas inconscientes: como, por exemplo, sempre amarrar primeiro o pé esquerdo dos sapatos, tomar um drinque antes do jantar ou preferir roupas de determinada cor ou tipo. Depois, mude conscientemente esses hábitos durante sete dias: por exemplo, durante uma semana sempre amarre primeiro o pé direito dos sapatos, não tome drinque algum antes do jantar e experimente algumas combinações de cores atípicas em suas roupas (por exemplo, se você geralmente usa roupas de estilo indiano, use roupas ocidentais; ou, se adotou o vestuário ocidental, volte a usar saris ou dhotis; se é do tipo hippie, adote o estilo Brooks Brothers ou uma roupa italiana clássica; e vice-versa: se costuma se vestir de modo conservador, solte a imaginação e se torne um hippie durante sete dias).

Se você for do tipo aventureiro, ponha na sua lista algumas questões mais carregadas de conteúdo emocional. Digamos que você seja estritamente vegetariano, por exemplo: faça experiências com seus hábitos alimentares, comendo alguns alimentos "proibidos" (não para mudar de dieta, mas para tomar consciência dos tabus que têm regido a sua vida). Se você tende a ser liberal demais com seus filhos ou com sua esposa/ou marido, cedendo sempre aos caprichos deles, rompa esse hábito e exija um pouco de disciplina. Se você realmente quiser tomar consciência de algumas rotinas inconscientes, escolha aquela que mais o afeta emocionalmente, algo a que você é realmente apegado ou com que realmente se identifica.

Repito que o objetivo deste exercício não é o de levar você a mudar seus hábitos, mas o de fazê-lo tomar contato com uma consciência maior de como esses hábitos têm sobre você um poder quase absoluto.

CAPÍTULO 3

Simplicidade

A simplicidade que não tem nome
é livre de todo desejo.
Sendo livre de desejos, é tranqüila.
E o mundo por si só
será tranqüilo.

— Tao Te Ching

Depois de receber as iniciações, transmitir o Reiki é a coisa mais simples do mundo. Uma vez evocada a intenção de deixar a energia fluir, tudo acontece automaticamente. Não precisamos interferir, não precisamos nem sequer tentar fazer a coisa acontecer. Podemos nos distanciar mentalmente e, com todo o conforto, assistir sem esforço algum ao desenrolar do processo. Como não realizamos *ativamente* um ato de cura, mas simplesmente nos colocamos no papel de veículos da cura, ficamos em condições de ouvir e sentir todos os sentimentos que vierem ao nosso coração. Podemos ouvir o que o nosso corpo tenta nos dizer. Podemos ouvir as mensagens do corpo e da mente da outra pessoa que recebe a energia do nosso canal de Reiki. Podemos nos abrir a uma comunicação profunda que nos alimentará de silêncio e nos encherá de maravilhamento. Quando nos entregamos a essa simplicidade, a cura se manifesta espontânea ou gradualmente e nos toca tanto e tão profundamente quanto toca a pessoa que estamos tratando.

O Mundo Corre para o Reiki — Como a um Amigo que não Vê Há Muito Tempo: Um Método Simples se Espalha pelo Planeta

Todos os princípios básicos foram elucidados em *Empowerment Through Reiki*. Todos nós sabemos que o Reiki (Energia Universal da Força Vital) é uma forma simples de curar a si mesmo e aos outros pela imposição das mãos. Atualmente, em quase toda parte ouvimos falar do Reiki em virtude de sua crescente popularidade, pois ele vem se espalhando pelo mundo como fogo em mato seco. O Reiki tem sido e ainda é a forma de medicina energética que mais cresce no mundo inteiro — nas Américas como na Índia, na Europa como na Austrália e no Japão. Nos últimos dez anos, o mundo correu para o Reiki como um homem perdido no deserto correria para uma fonte de água fresca que ele encontra inesperadamente num longínquo oásis. O alívio que as pessoas sentem pode ser tão forte quanto esse.

O poder do Reiki de elevar a energia vital da pessoa a fim de que esta se adapte mais facilmente à alta freqüência vibratória da energia do amor que existe hoje sobre a terra está habilitando muita gente a dar um verdadeiro salto quântico rumo a uma mente pacífica e silenciosa e à consciência maior que disso resulta. Numa época em que muitas pessoas, reagindo a essa elevada freqüência vibratória, passam a reprimir habitualmente os seus maus sentimentos e os seus hábitos obsoletos de conduta (o que só serve para provocar depressão, que é na verdade uma repressão de sentimentos), o Reiki ajuda essas pessoas a sentir plenamente esses mesmos sentimentos e a ir além deles, dissolvendo assim a depressão.

Não obstante, tanto a essência quanto a prática do Reiki muitas vezes não são compreendidas por serem simples demais. Para conhecer plenamente e *ser* verdadeiramente a beleza e a força silenciosa e suave do Reiki, temos antes de mais nada de reconhecer quão simples ele é na realidade. Para fazer jus a essa simplicidade, procure não adorná-la nem enfeitá-la com seus condicionamentos e suas crenças. Se fizermos cada vez mais acréscimos à simplicidade, logo estaremos perdidos nas confusas maquinações do ego.

O Fluxo Natural da Simplicidade

A simplicidade é algo realmente genial. A vida simples e básica é a vida mais satisfatória, na qual tudo caminha segundo o fluxo natural, como um botão de rosa que se abre ao sol da manhã ou um jasmim noturno que solta o seu perfume depois que o sol se põe, ou como o ritmo das marés. Também nós podemos levar uma vida descomplicada quando nos entregamos à simplicidade: desabrochando como a flor da Graça, subindo e descendo como o ilimitado oceano do Si Mesmo.

Quando a nossa mente não está abarrotada de conceitos, quando ela não se limita a regurgitar reiteradamente os mesmos pensamentos velhos e cansados, nós recuperamos o equilíbrio saudável da pura equanimidade. Com a equanimidade, o nosso corpo se sente vibrante, nossos sentidos se aguçam e toda a nossa existência se une à dança do Ser — insondável, alegre e completamente vazia — que nos dá verdadeira satisfação. Esse vazio, que é a absoluta liberdade em relação à identificação com o corpo, a mente e as circunstâncias, não deve ser confundido com o nada ou com um distanciamento artificial e forçado. Muito pelo contrário, é absolutamente idêntico ao mistério universal da existência, cheio de vitalidade e energia. A mente, com sua imaginação, não pode senão inventar substitutos inadequados do silêncio, da simplicidade e da inteligência superior do Coração, o qual é capaz de perceber qualquer experiência como uma manifestação do Ser.

Do mesmo modo que o Reiki, a verdadeira arte irradia uma aura de absoluta simplicidade e de ausência de esforço: a incrível beleza da melodia de uma flauta de bambu que ecoa por um vale de montanha; as pinceladas audazes e desinibidas, mas absolutamente espontâneas, da caligrafia zen; a voz despretensiosa de um verdadeiro poeta que usa as palavras mais simples para evocar uma larga variedade de sentimentos e todo o grande mistério que eles representam.

Como a vida natural e as melhores obras de arte, o Reiki é simplicidade absoluta. Também o Método Usui de Cura Natural é algo genial. Isso já foi dito muitas vezes, mas nunca é demais lembrar que, no Reiki, nós lidamos com aquilo que, em essência, nós já somos — a Energia Universal da Força Vital. Por isso, para praticá-lo, os instrumentos de que necessitamos são mínimos: as iniciações transmitidas por um mestre qualificado e a confiança que advém da prática de umas poucas posições básicas das mãos. Com a ajuda dessas coisas, podemos tranqüilizar a mente e aos poucos aumentar a quantidade de Energia Universal da Força Vital que circula pelo nosso organismo.

Se nos ativermos aos métodos que resistiram à prova do tempo, os frutos serão a paz, o equilíbrio e a saúde. Com o tempo, esses frutos amadurecerão por si mesmos e, quando maduros, inevitavelmente cairão em nossas mãos. Só temos de ficar esperando que isso aconteça. Além da consciência e da atenção dirigida, tudo o que é necessário para tanto é a fidelidade aos poucos elementos básicos da prática do Reiki. Então, com paciência, poderemos colher os benefícios à medida que estes forem como que nascendo por si mesmos.

Simplicidade Interior e Exterior

A simplicidade no Reiki tem dois aspectos: o interior e o exterior. Em primeiro lugar, temos de ser simples e diretos no interior. Precisamos saber quem somos realmente: inseparáveis da origem de todas as coisas, inseparáveis da Energia Universal da Força Vital. Com efeito: nós somos ISSO, essa mesma energia ilimitada. Como somos a própria Energia Universal da Força Vital, decorre daí que somos capazes de fazer dessa energia o uso que quisermos.

Ser simples significa estar despertos e plenamente presentes em tudo o que acontece conosco: estar presentes nos sentimentos que temos neste instante. Em outras palavras, precisamos dar atenção a todas as coisas que se apresentam a nós, observando-as com amor, sem desejo nem resistência. Estar totalmente presentes no momento, sentindo-o plenamente: isso é a simplicidade. As interpretações mentais geram uma proliferação infinita de complicações. Para desestimular o hábito de nos identificarmos com as coisas que nos fazem sofrer, só precisamos daquilo que é, em si mesmo, a própria simplicidade: a consciência atenta.

Em segundo lugar, para estimular e manter essa consciência, na qual não há tensão alguma, é importante aplicar a Energia Universal da Força Vital de acordo com as instruções simples do Método Usui de Cura Natural. Sem acrescentar procedimentos supérfluos que não passam de outras tantas distrações mentais, basta seguir as instruções recebidas junto com as iniciações. É essencial não acrescentar nem subtrair nada. Obedecer às instruções da prática básica de Reiki é fundamental porque, quando essas instruções são seguidas, elas nos ajudam a descobrir os verdadeiros sentimentos que se escondem por trás das emoções superficiais que sentimos habitualmente.

Se acrescentarmos muitas variações de nossa própria autoria, ou as supérfluas variações recebidas de falsos mestres, estaremos envolvendo automaticamente no processo o intelecto encarado sob o seu aspecto negativo. Desse modo, reintroduzimos em cena um milhão de pensamentos e deliberações que constituem obstáculos à capacidade de simplesmente sentir as coisas como elas são — sendo que é essa capacidade que queremos cultivar. A capacidade de sentir proporciona às células do nosso corpo um alimento especial, dotado do poder de transformar. (O que faz envelhecer o corpo são somente as identificações do ego.) A percepção plena de todos os acontecimentos é extremamente benéfica, pois gera uma vida de paz e equanimidade, sem a necessidade constante de racionalizar ou de analisar a realidade, que é o meio de que o ego faz uso para nos manter isolados e presos ao sofrimento. A capacidade de sentir diretamente o que está acontecendo agora nos liberta do apego a complicadas superestruturas mentais. Finalmente livres dessas estruturas que rompem o fluxo natural, fica mais fácil permitir que as ações apropriadas aconteçam naturalmente. Desse modo, evitamos que a mente se envolva a ponto de tentar tomar conta de tudo, tornando-se assim um obstáculo.

> A Energia Sutil Universal parece fraca e insuficiente,
> Mas é a senhora de todas as vidas e de todas as coisas.
> Esconde-se nas coisas banais,
> Mas essas coisas banais revelam-se fluidas e maravilhosas.
>
> — Tao Te Ching

A Tentação de Complicar as Coisas

Sempre que nos sentimos tentados a acrescentar mudanças à prática simples de Reiki que nos foi transmitida pelo professor, temos de considerar em primeiro lugar as potenciais desvantagens dessas mudanças e refletir se não podemos passar sem elas. Se as mudanças que queremos introduzir roubam um pouco da simplicidade do Reiki, provavelmente não são mudanças úteis. Por isso, não convém incorporá-las à prática. É melhor ficar alerta e tomar um cuidado extremo antes de acrescentar etapas supérfluas que só servem para nos distrair dos nossos sentimentos; é melhor fugir das mudanças impulsivas que só nos distraem do nosso verdadeiro ser. Se não contivermos as tendências escapistas do ego, poderemos dissipar em muitas direções ao mesmo tempo a nossa sensação da energia, antes ainda de chegarmos ao ponto de conseguir senti-la plenamente.

Por isso, o melhor é não se imiscuir nos assuntos que são da competência exclusiva da Energia Universal da Força Vital e da linhagem de mestres que a transmite há 2500 anos. Tal coisa só serviria para complicar a nossa vida e a nossa prática do Reiki. Inevitavelmente, ela nos distrairá e nos confundirá. Ela tem como único efeito dificultar a nossa participação naquela satisfação que vem da plena percepção da energia Reiki.

Não precisamos reinventar a roda. O Dr. Usui já fez isso para nós. Só precisamos evocar silenciosamente a intenção de veicular o Reiki e então observar todo o processo, que aos poucos vai nos levando a penetrar cada vez mais fundo nos mistérios da Energia Universal da Força Vital e nos seus grandes dons de transformação e cura. Quando nos limitamos ao essencial, permanecemos simples e atentos.

A simplicidade também está em confiar no Reiki. Não temos de acreditar nele cegamente, mas precisamos confiar em que ele há de funcionar, como confiamos numa determinada hipótese quando fazemos um experimento científico. Nesse caso, a hipótese é a seguinte: Nós canalizamos a Unidade, a própria Energia de que somos feitos, para curar e transformar tudo o que precisa de cura e de transformação. Naturalmente, essa hipótese, como qualquer hipótese em qualquer experimento científico, só vai ser comprovada se não deixarmos que a nossa mente desvairada extrapole os parâmetros do experimento. Se nos ativermos ao caminho equilibrado da prática de Reiki para leigos, tal como foi estabelecido quer pela linhagem ocidental, quer pela oriental, teremos sucesso. Se jogarmos fora essa forma simples, já não poderemos ter certeza do resultado, do mesmo modo que não podemos ter certeza do resultado de um experimento científico quando desconsideramos os fundamentos sobre os quais ele se baseia.

Os Padrões da Simplicidade

Para nos lembrarmos de quanto o Reiki é simples, eis uma lista dos poucos elementos necessários para a prática:

1. A iniciação passada por um mestre da pura linhagem do Método Usui de Cura Natural. (A de Primeiro Grau é dada na forma de um curso de dezesseis horas, em no mínimo dois dias, com quatro transmissões de poder; o Segundo Grau só é dado pelo menos seis meses depois do Primeiro, e consiste numa transmissão de poder acompanhada do ensinamento de três símbolos que funcionam como pontos de concentração para a aplicação de tratamentos à distância.) O Terceiro Grau só tem uma transmissão de poder e deve ser passado somente num regime de discipulado (um mestre e um discípulo) a um instrutor com pelo menos três anos de experiência. O Terceiro Grau dado em cursos abertos, e a divisão do nível de mestre em 3A e 3B são aberrações.

2. Para tratar a si mesmo e aos outros, você só precisa formular interiormente a intenção de veicular o Reiki, de deixar fluir através de você a Energia Universal da Força Vital. As posições básicas tratam de todos os órgãos vitais e glândulas endócrinas. Consulte o Capítulo 8 deste livro para obter orientações específicas.

3. Aplique as posições de mãos para tratar o corpo inteiro, seu ou de outra pessoa, segundo as instruções da Sra. Takata ou do livro do Dr. Usui sobre as posições de tratamento.

4. Faça aplicações adicionais às áreas que têm problemas específicos.

5. Fique em silêncio, sinta as suas mãos, ouça o que elas têm a lhe dizer. Elas mesmas lhe dirão quando passar para a próxima posição.

Isso é tudo. É tão simples que chega a nos confundir. E há beleza nessa simplicidade — beleza e um poder suave e maleável. É importante lembrar que, na vida, tudo o que realmente funciona se baseia em poucos princípios muito simples, como o universo infinito que se baseia em cinco elementos, ou o sistema incrivelmente complexo de diagnóstico e tratamento do Ayurveda, que se baseia na interação de apenas três *doshas*.

Quando, porém, faltamos com a fidelidade à absoluta simplicidade do Método Usui de Cura Natural, o Reiki não pode operar no seu nível mais profundo de transformação silenciosa e completa. Antes, fica preso aos conflitos e complicações mentais. Seus benefícios permanecem num nível superficial. Não acontece uma cura conclusiva, apenas uma ilusão de cura sob a forma de uma suspensão temporária de sintomas. Em última análise, uma atitude baseada no ego não pode produzir senão resultados temporários e limitados. Sempre permanecerá uma dúvida, que impossibilita a própria realização da cura que a mente tanto busca realizar e possuir — mas não consegue, pois toda cura é pura Graça.

Para fazer tratamentos de Reiki, o melhor é ficar na simplicidade e ater-se às instruções básicas. Na verdade nós não "fazemos" nada, pois o Reiki não é algo que "se faça". É algo que acontece apesar de nós mesmos. Atuamos como canais pelos quais, em virtude da nossa intenção, a energia passa e chega a nós mesmos ou às outras pessoas. Se permanecermos abertos e receptivos, sentiremos os benefícios dessa energia. O Reiki pode nos tocar muito profundamente quando deixamos que ele faça isso. Então, tornamo-nos como um botão de rosa que se abre ao sol glorioso da Energia Universal da Força Vital. Podemos assim absorver o alimento sutil que ele nos dá, um alimento de natureza totalmente espiritual quanto ao seu efeito tranqüilizador, mas que também tem o poder de beneficiar o corpo físico (que, a partir de um ponto de vista superior, também é em si mesmo muito espiritual).

Quando nos mantemos fiéis à simplicidade da prática do Reiki, sua energia torna-se uma presença palpável dentro de nós. A mente dispersiva se aquieta e a vitalidade fica protegida. Dessa vitalidade irradia-se uma luz líquida, suave, auspiciosa, que infunde na nossa vida a incrível leveza do Ser.

Dentro do mistério dessa luz, não precisamos fazer nada. O silêncio mais profundo e mais impressionante vem desse não-fazer. A Verdade está além das palavras, além da ação. Quando nos esquecemos da ação, quando nos esquecemos da perpétua necessidade de controlar e manipular os acontecimentos, podemos participar plenamente do Reiki, da maravilhosa simplicidade de nossas vidas, sempre de maneira altruísta e bondosa, tocando profundamente e, por fim, transformando a nós mesmos e aos outros. Em outras palavras, através da participação direta, nós demonstramos a veracidade do nosso compromisso para com tudo o que é bom e saudável.

Lágrimas que Curam

A simplicidade da menina
que traz água
do poço

Quero deitar minha cabeça
em seu colo
e chorar

— NARAYAN

Três Ciclos de Exercícios para Ajudar Você a Saber o Quanto Tudo é Simples

Para começar, leia cuidadosamente, no começo do livro, as sugestões gerais e específicas relativas às sessões de prática. Se for preciso, releia-as diversas vezes. Antes de começar o primeiro dos três ciclos de vinte e um dias, você precisa estar plenamente disposto a praticar os exercícios sem pausa até que os três ciclos estejam completos. Se você não tiver certeza de que está disposto a dedicar o tempo necessário aos exercícios todos os dias, do primeiro ao sexagésimo terceiro, nem sequer comece. Você só estaria contribuindo para reforçar a crença inconsciente de que esse exercício (como todas as outras coisas que você faz na vida) não funciona, ou de que você é um perdedor. O segredo está na dedicação voluntária. Se você não tem certeza de estar comprometido com a prática, é melhor esperar até que esteja. Então, só trabalhe com as sessões de prática quando tiver certeza que vai querer seguir em frente até completar os três ciclos. Decida-se a praticar somente uma rodada de três ciclos de 21 dias por vez (os três ciclos referentes a um único capítulo). Talvez você não queira ou não precise passar pelas sete rodadas. Se cumprir o seu compromisso com uma rodada, terá uma sensação de realização que lhe será benéfica quando o seu entusiasmo diminuir, o que certamente vai acontecer. Se precisar reler as instruções para o exercício de redação com tempo marcado, faça-o agora. Leia mais uma vez as *Sugestões Gerais para as Sessões de Prática*, que constituem o Prólogo deste livro.

Redescubra a Simplicidade

Durante vinte e um dias consecutivos, faça a cada dia uma sessão de 15 minutos de redação com tempo marcado, começando com a frase: "Certa vez, me entreguei e simplesmente deixei que..." Escreva esse começo de frase no seu caderno e vá em frente, seguindo o fluxo da sua consciência.

Sinta a Presença da Simplicidade

Durante vinte e um dias consecutivos, comece ou termine cada dia fazendo uma contemplação da frase: "A Simplicidade simplesmente É." Você não tem de repetir a frase em sua mente como um mantra; simplesmente deixe-a no fundo da mente enquanto observa uma única flor, que você já deve ter colocado à sua frente dentro do seu campo de visão. Deixe a respiração fluir naturalmente e não tente controlá-la; não focalize os olhos num só objeto. Ao mesmo tempo, contemple a flor na sua simplicidade e, sem se esforçar excessivamente, tenha consciência de todo o processo de percepção: sinta o estímulo (no caso, a flor), o modo pelo qual você o percebe e todas as sensações interiores por ele evocadas; perceba, por fim, a pessoa que está percebendo e sentindo tudo isso, a testemunha. Simplesmente preste atenção na simplicidade disso tudo.

O Reiki Saído do Coração

Durante vinte e um dias consecutivos, deixe que o seu coração absorva o Reiki durante dez minutos a cada manhã. Sinta seu batimento cardíaco e todas as sensações e sentimentos interiores evocados por uma suave concentração sobre o coração. Deixe-se dissolver nesses sentimentos e integre-se a eles. Quando terminar, pegue um caderno e expresse tudo o que você percebeu. Só escreva o que o seu coração puder contemplar e declare abertamente os desejos do seu coração. Dê-lhes voz e deixe-os falar sem censura.

CAPÍTULO 4

Compromisso

> Antes de a onda subir, ela é o Oceano.
> Antes de o desejo se mover, ele é o vazio.
> O universo inteiro é o teu próprio desejo; por isso, goza-o.
> Mas não sejas destruído por ele,
> pois és escravo de tudo o que desejas.
> O que rouba a paz é o desejo do que é transitório;
> por isso, aspira somente ao que é permanente.
> Aqui, neste momento eterno, não existem desejos.
> *Fica somente em silêncio e vê do que realmente necessitas.*
>
> — PAPAJI

O compromisso é o vínculo que liga a sabedoria interior à sua manifestação no mundo exterior. Sem um compromisso com a verdade, a luz da sabedoria interior não pode brilhar nem transformar a nossa existência — mudando-a do sofrimento intrínseco das nossas limitações preconcebidas para o Ser ilimitado que somos essencialmente. Por isso, o compromisso é uma exigência básica do caminho do Reiki. Entretanto, não se deve confundir compromisso com uma falsa noção de obrigação ou subserviência a algum poder ou força exterior.

Para compreender melhor o que é o compromisso, temos de fazer uma investigação rigorosa para saber exatamente o que é digno do nosso compromisso. Precisamos saber exatamente o que é que nos dará satisfação e uma paz duradoura. Também é importante discernir os possíveis perigos do caminho, os típicos estorvos que aparecem para nos distrair e criar em nós uma ambigüidade.

Em resumo, o importante é decidir o que nós realmente queremos e simplesmente nos comprometermos a fazer tudo para que isso aconteça. As mesmas regras se aplicam quando nos concentramos no desejo de um certo objetivo material ou num caminho espiritual específico.

Convém ter de antemão uma idéia dos tipos de distrações que fazem apelo ao nosso tipo de personalidade, e que poderiam nos arrancar do caminho do cultivo espiritual e lançar-nos no mundo da ilusão.

O compromisso que leva em conta a lei natural universal não é um fator de restrição, mas de libertação. Liberta-nos de todas as dúvidas a respeito de quem realmente somos e transcende toda hesitação a respeito de como agir da melhor maneira possível em vista do benefício de todos. O compromisso correto tem por objetivo o cultivo de uma energia sutil primordial que atrai para nós as circunstâncias de que precisamos para alcançar os melhores resultados. Esse compromisso não atrapalha, não é proclamado em voz alta, mas deixa muito claro o que precisa ser cultivado e o que deve ser rejeitado. É uma fonte de verdadeiro bem-estar e, por sua vez, só faz disseminar mais bem-estar.

O Compromisso quando o Entusiasmo Diminui

Em todos os seminários que já conduzi no decorrer dos anos, encontrei um denominador comum: o que atrai as pessoas para o Reiki ou as leva a encetar qualquer processo de autoconhecimento é o desejo daquela paz que está por trás de toda cura. Observei também que os alunos que realmente se comprometem a praticar o Reiki são aqueles que chegam, por fim, a sentir mais paz em sua vida. Uma grande parte dos alunos, por outro lado, obtém alguns benefícios no início, talvez devido à cura dos sintomas físicos ou emocionais que os incomodam na época, mas depois de algum modo se distraem e rapidamente se esquecem por completo da prática diária do Reiki. Talvez isso se deva ao fato de que, depois do período de "lua de mel" com o Reiki, que acontece também com toda e qualquer prática que exija um esforço continuado, o sentimento inicial de leveza e alegria é substituído por sentimentos "densos" e incômodos que antes estavam ocultos. No todo, a prática contínua do Reiki gera uma profunda sensação de paz interior; mas, como nos bons casamentos ou relacionamentos, em que sentimentos há muito ocultos vez por outra vêm à superfície quando precisam ser enfrentados, sentidos e descartados, o Reiki também suscita processos periódicos de purificação semelhantes a esses.

É bom saber de antemão que esse fenômeno vai acontecer, antes de começar qualquer processo de cura ou de autoconhecimento. Quando a mente se prepara com uma atitude de aceitação, quando nos dispomos a aceitar até mesmo as circunstâncias incômodas que a vida inevitavelmente nos há de apresentar, tanto mais facilmente elas chegam e se vão. É importante aceitar a nossa sombra (a parte do nosso ser que relutamos em encarar) e acolhê-la, de modo que possa revelar a felicidade que se encontra do outro lado dela.

Os antigos sábios da Índia afirmam que nós somos *sat-chit-ananda* (existência-consciência-felicidade), inseparavelmente presentes. Só podemos sentir essa felicidade, porém, quando estamos preparados a encarar não só o que é "bom" mas também o que é "mau"; não só os acontecimentos "felizes" mas também os "tristes"; não só o cômodo mas também o incômodo. Para conseguirmos lidar com as situações difíceis que vão surgindo, um forte compromisso anterior (o compromisso de aceitar as coisas como elas são e aceitar os acontecimentos) pode tornar as águas turbulentas muito mais fáceis de se navegar. Assim é no Reiki: o segredo está no compromisso.

O Compromisso durante o Processo de Purificação

Desde o comecinho, para que você possa captar e compreender os aspectos básicos do Reiki a fim de colher os benefícios que este pode lhe oferecer, é preciso assumir o compromisso de praticar diariamente o Reiki em si mesmo. Durante os primeiros vinte e um dias depois de receber a iniciação de Primeiro Grau, sempre estimulo meus alunos a impor as mãos sobre sete pessoas diferentes, três vezes cada (3 X 7 = 21), além de fazer sozinhos as práticas simples da manhã e da noite. Em geral, recomendam-se três tratamentos consecutivos para qualquer pessoa que esteja recebendo o Reiki pela primeira vez. O primeiro tratamento traz para fora muitas emoções ou toxinas, o segundo as elimina e o terceiro promove uma reprogramação energética do corpo e da mente mediante a absorção da Energia Universal da Força Vital. É importante que a pessoa se comprometa a praticar regularmente no início, pois é através desse período de vinte e um dias de intenso trabalho de aplicação energética em outras pessoas que nós adquirimos confiança na nossa capacidade de canalizar o Reiki. Muito embora o Reiki seja na verdade uma arte de cura feita para promover o crescimento pessoal de quem a aplica, e muito embora sua verdadeira importância esteja no autotratamento, existe um motivo psicológico para que o praticante, no início, se dedique regularmente a tratar outras pessoas.

Isso porque as idéias de sujeito e objeto estão de tal modo entranhadas nas nossas relações com a realidade que nós tendemos a prestar mais atenção no que acontece fora de nós do que no que acontece dentro. Quando os iniciantes no Reiki começam a tratar a si mesmos, têm dificuldade para se concentrar nas sensações que têm nas mãos enquanto aplicam energia sobre o próprio corpo. Isso porque geralmente deixam que os próprios pensamentos os distraiam. Em vez de prestar atenção nas mãos e deixar que elas mesmas lhes digam o que fazer, os iniciantes são constantemente distraídos pela mente; pensam nas coisas que deveriam ter feito ontem mas não fizeram, nas coisas que terão de fazer amanhã ou nas coisas que "deveriam" estar acontecendo em suas mãos, etc., em vez de simplesmente sentir as mãos e "ouvir" o que elas têm a dizer. Por ter a mente voltada para todos os fenômenos exteriores, o iniciante geralmente tem mais facilidade para se concentrar em outra pessoa do que em si mesmo. Em virtude desse reflexo condicionado de nos concentrar em objetos exteriores a nós, e da nossa tendência de não dirigir à nossa própria pessoa a mesma atenção concentrada que dirigimos às outras pessoas, muitas vezes é mais fácil nos concentrarmos primeiro nos outros. Depois de vinte e um dias de prática em pelo menos sete pessoas diferentes, nós começamos a perceber que a mente se aquieta depois de aplicarmos as primeiras duas ou três posições; então, fica mais fácil encontrar motivação para aplicar o Reiki em nós mesmos, pois já sabemos que a mente se aquieta rapidamente. Para adquirir essa compreensão, porém, a pessoa precisa praticar durante um certo tempo. Por isso, precisa desde o início comprometer-se a dedicar pelo menos uma hora por dia a tratar outra pessoa, isso durante os primeiros vinte e um dias, para desenvolver assim uma confiança duradoura na eficácia do Reiki.

O Compromisso que Decorre de se Ter Recebido as Iniciações

Embora a maioria dos alunos fique muito entusiasmada quando sente o efeito do Reiki durante os dois dias ou quatro noites de aulas do Primeiro Grau, a mente facilmente escorrega e se esquece dos primeiros êxitos quando a pessoa não assume interiormente o compromisso de se dedicar mais intensamente à prática no início. Para consolidar uma nova capacidade ou habilidade, é preciso praticar. Isso é verdade especialmente no que diz respeito às capacidades que envolvem a consciência, sendo o Reiki uma delas. Quando você toma uma aula de Reiki e recebe as iniciações, tem de assumir um compromisso para poder assimilá-lo na sua plenitude. Na tradição budista Vajrayana, que sem dúvida exerceu forte influência sobre o Dr. Usui, as iniciações costumam ser acompanhadas de *samaya* (um voto ou compromisso assumido pelo discípulo). A iniciação é dada junto com um ensinamento, o qual inclui uma certa prática que precisa ser executada com o máximo cuidado e precisão a fim de que o discípulo recém-iniciado assimile e incorpore o ensinamento.

Para garantir que o discípulo esteja preparado, ele em geral, e antes de mais nada, recebe um conjunto de práticas preliminares que têm de ser executadas em diversas séries de 100.000 vezes cada. Os objetivos disso são dois: primeiro, o discípulo se habitua a praticar (posso lhe garantir, por experiência, que qualquer coisa repetida 100.000 vezes vira um hábito); depois, constrói-se assim uma base sólida a partir da qual a realização pode se erguer sem ser esquecida no minuto seguinte. Vinte e um dias de prática regular do Reiki é um preço relativamente baixo a se pagar pela obtenção de um vínculo consciente e duradouro com a Energia Universal da Força Vital.

O Budismo, que inspirou o Reiki, não é uma religião, mas uma série de ensinamentos sobre como podemos despertar para a nossa verdadeira condição. Por isso, é importante seguir as orientações do mestre. Há muitos ensinamentos e práticas que atendem a todos os diversos tipos de personalidade e níveis de inteligência. O Reiki, por exemplo, enquanto simples prática leiga, é adequado a qualquer tipo.

A iniciação serve para remover da consciência os primeiros véus, que, se não fossem retirados, obstariam a obtenção dos desejados efeitos da prática. O mestre sempre deixa claro que, se o discípulo não praticar, nada realizará. Pode até ser que perceba a presença da Graça durante a iniciação e pouco depois dela, mas, para que essa Graça tenha um efeito perdurável, de modo que os obscurecimentos do ego deixem de controlar a pessoa, é essencial que esta assuma um verdadeiro compromisso com a prática.

O Reiki exige esse mesmo tipo de compromisso para render todos os seus benefícios. Na prática leiga do Reiki, não há *samaya* ou voto formal, mas é perda de tempo receber as iniciações quando não se está fortemente disposto a praticar regularmente, pois é através dessa prática que adquirimos verdadeiro conhecimento e experiência.

O Compromisso Faz Crescer a Nossa Confiança

Estou sempre estimulando meus alunos a atiçar a motivação da libertação até transformá-la num desejo ardente; a não contentar-se com o mero alívio dos sintomas exteriores do seu sofrimento, as dores e a turbulência emocional do corpo e da mente comuns, mas a extirpá-los pela raiz.

Por trás de todo sofrimento está a noção de um eu separado, a crença de que somos separados de todo o resto da realidade. O eu separado, que é um mecanismo de sobrevivência criado pela mente, busca incessantemente um conhecimento ilusório fora de si mesmo a fim de confirmar para si mesmo a sua realidade e a sua permanência. Essa entidade — o ego — que incessantemente busca o mundo e também o espiritual, nos mantém num círculo vicioso durante vidas e mais vidas até que um dia, por simples frustração e pelo sincero desejo de despertar, nós encetamos uma investigação sincera. Essa intensa investigação de autoconhecimento pode provocar uma súbita reversão do nosso estado normal. Por uma fração de segundo, contemplamos o Silêncio, a Graça, que sempre estiveram ao nosso lado à espera de que os reconhecêssemos: Nós somos esse Silêncio! Nós somos essa Graça!

A prática do Reiki — se for objeto do nosso sincero compromisso — pode nos ajudar a perceber esse Silêncio Que Nós Somos. Desde muito cedo na prática, percebemos o efeito calmante que ela tem sobre o corpo e a mente. A maioria das pessoas chega a dormir durante o tratamento, pois o corpo entra automaticamente em estado de repouso quando absorve a energia de cura. Muitos relatam a sensação de encontrar-se num estado de relaxamento profundo, mas ao mesmo tempo manter a consciência perfeitamente alerta, muito embora o corpo pareça estar dormindo. Muitas vezes, a pessoa até se assusta quando de repente "acorda" e percebe que o corpo estava roncando. No decorrer dos anos, nas minhas aulas de Reiki, eu e meus alunos nos divertimos muito com os roncadores que juram que quem estava roncando era a pessoa ao lado! Nesse estado de relaxamento e ao mesmo tempo de alerta, nós nos colocamos em íntimo contato com a nossa própria natureza: com a nossa Paz.

A sensação de paz que cresce no decorrer dos primeiros meses e anos de prática do Reiki às vezes é interrompida por um perturbador ciclo de crescimento. Deve-se compreender que, à medida que a freqüência vibratória continua a se expandir em virtude da prática contínua do Reiki, os obscurecimentos mais sutis que ficam profundamente entranhados saem de seus esconderijos. Esses antigos padrões devem ser sentidos e acolhidos, e não rejeitados (o que só lhes daria força para permanecer), de modo que possam fluir através de nós e, assim, serem liberados. Nessas circunstâncias, é ideal aplicar o Reiki em nós mesmos com a intenção de sentir de modo pleno e claro as nossas emoções, inclusive a confusão — em vez de ceder à tentação de suprimi-las ou eliminá-las através do Reiki.

Nas situações difíceis, a atitude de gratidão — o primeiro princípio do Reiki — é extremamente benéfica. Eu sempre digo aos meus alunos, em tom de bom humor, que é nesses momentos que agradeço ao universo por me apresentar esse karma agora, de modo que eu não tenha de vivê-lo depois. Muito obrigada!

É difícil sentir gratidão numa situação difícil, mas essa atitude fica mais fácil de se suscitar quando assumimos anteriormente o compromisso de aceitar tudo o que a vida nos der, sabendo que não somos limitados ao corpo e à mente. A plena compreensão de que eu *não sou* o corpo, *não sou* a mente, *não sou* as emoções, *não sou* os pensamentos faz com que não haja mais problema algum no fato de eu *ter* um corpo, *ter* uma mente, *ter* emoções e *ter* pensamentos!

O Compromisso com a Verdadeira Liberdade

Para compreender melhor esse ponto, é importante saber que o seu Ser verdadeiro não tem karma. Sim, o corpo e a mente têm karma, pois estão ligados a muitos corpos e mentes "passados" e "futuros" nesta *lila* ou jogo da vida. Mas Aquele que EU SOU não é o corpo nem a mente! É verdade que eu, na medida em que sou este aspecto de consciência isolada que pareço ser, tenho de responder pelas decisões e ações do corpo e da mente e sofrer ou gozar as conseqüências. Mas, em última análise, como até mesmo as "decisões" do ego estão predeterminadas pelo condicionamento (de modo que essas "decisões" aparentes na verdade nada valem), fica mais fácil compreender que não existem causas e efeitos particulares. Na mais elevada ordem de entendimento, todas as coisas simplesmente acontecem. Assim, não existe um agente separado; existem muitas ações, mas ninguém que as faça pessoalmente!

Compreendendo plenamente a afirmação de Shakespeare de que "o mundo inteiro é um palco e todos os homens e mulheres, meros atores", podemos começar a aproveitar de verdade o papel que nos foi designado para esta encarnação, com suas fascinantes idiossincrasias, isso sem mencionar os fortes hábitos e disposições do corpo e da mente. Quando começamos a compreender a amplitude do Nosso Verdadeiro Ser, deixamos de levar toda a nossa vida "para o lado pessoal".

É só no Silêncio que está dentro de todas as palavras e sons da vida, só na Imobilidade de toda ação, que podemos perceber a nossa verdadeira natureza: que todos nós (todos os seres na sua qualidade de consciência) somos o próprio Dramaturgo que escreveu a peça. Assim, já somos livres! Somos, na verdade, a própria Liberdade! O que quer que esteja acontecendo com o corpo e a mente no papel que lhes foi previamente determinado, nós somos simplesmente a Consciência que percebe as experiências. Quando não nos identificamos mais com o papel atualmente representado pelo corpo e pela mente, e não obstante ainda participamos plenamente da vida, podemos simplesmente SER. A partir desse espaço de silenciosa imobilidade preenchido de palavras e movimento, nasce a consciência de que tudo simplesmente acontece e de que não existe um "agente" separado. À medida que se expande essa consciência da inseparabilidade do Ser, nasce também uma visão muito mais ampla da realidade. A partir desse ponto de vista mais amplo, é muito mais fácil compreender e aceitar as coisas que acontecem como perfeitas para o momento em que acontecem. Essa mesma consciência todo-abrangente é a Morada da Paz.

Com a prática contínua do Reiki, podem ocorrer cada vez mais vislumbres dessa realidade. Essas experiências, por sua vez, nos dão mais confiança e mais compromisso com a prática.

Giri: O Compromisso de Participar com Alegria

No passado certas culturas conseguiram estimular em seus membros aquela sensação de paz que leva à percepção da natureza não-dual da realidade. Resquícios disso são encontrados no Japão até nos nossos dias, mas tal fato se evidenciou especialmente durante o xogunato Tokugawa, um período de duzentos e cinqüenta anos em que a idéia de *Giri* (compromisso ou obrigação para com a sociedade e consigo mesmo) permeava toda a cultura japonesa. *Giri* é algo que teria afetado muito o Dr. Usui, e ele o teria passado para os seus alunos. É mais provável que, como muitos da sua época, ele sentisse o seu desaparecimento no Japão em virtude da pressa de adotar o materialismo ocidental. (Diga-se de passagem que a mesma corrida materialista está acontecendo na Índia agora.) *Giri* significa o compromisso que cada pessoa assume de representar o seu papel na sociedade de maneira honrada e de tratar de maneira igualmente honrada todas as pessoas com as quais entra em contato.

Giri costuma se traduzir nas línguas ocidentais por "obrigação", numa referência às obrigações que todos nós temos para com os diversos elementos da sociedade a que nos ligamos. Em inglês [e em português], porém, a palavra "obrigação" evoca a idéia de um fardo que nos é imposto, enquanto no Japão o conceito de *Giri* não indica um fardo, mas um compromisso honroso, às vezes até gostoso de se cumprir, de plena participação do indivíduo em seu papel na sociedade, de modo a promover os papéis de todos os demais. Em virtude dessa aceitação universal da sociedade como um todo, cada pessoa pode ter certeza de que as outras cumprirão os seus papéis com a mesma noção de compromisso.

Quando essa atitude é partilhada por toda uma sociedade, ela cria nos membros dessa sociedade uma confiança no universo como um todo. Na verdade, isso funciona a tal ponto que, como ficou evidente durante o reino Tokugawa, quando cada pessoa cumpre as suas obrigações ou compromissos, quase não há necessidade das leis civil e criminal. Também não há necessidade de policiamento, pois, quando as pessoas reconhecem suas obrigações e se dispõem a cumpri-las, não há disputas. É por isso que, entre 1616 e 1867, a paz e a prosperidade reinaram no Japão.

O Dr. Usui sentiu a importância do *Giri*, especialmente para os que se dedicam à cura. Provavelmente, ele tinha consciência da necessidade de nunca empreender nada que pudesse prejudicar um paciente, especialmente com um remédio alopático ou de ervas chinesas que pudesse fazer mal ao paciente caso o seu diagnóstico estivesse incorreto. Isso se torna evidente pelo desenvolvimento que deu a um sistema que não podia fazer mal a ninguém. Ele viveu segundo o espírito *Giri* do agente de cura, encorajando seus alunos a continuar a aprender, e também a partilhar o seu conhecimento através do ensino. Usui exemplificou por suas ações a importância de sempre falar a verdade, de não dizer coisas que não pretendemos e de dizer somente o que realmente desejamos. Além disso, dos seus diários podemos deduzir que ele não tinha nem encorajava um falso senso de dever.

Se fosse de família ocidental, provavelmente teria falado da importância de se assumir um compromisso consigo mesmo, com o próprio coração, pois o Coração real, que está além do coração físico e mesmo do chakra do coração, é o Coração verdadeiro e único de todo o Universo. Quando você segue o seu coração, segue na verdade o Coração Universal. Em outras palavras, o seu dever ou *Giri* para com a sociedade está em cumprir a sua missão, missão essa que só o seu Coração pode sentir ou perceber (mesmo que ele pareça contrário à sociedade). A mente ou cabeça pode colaborar com o Coração, dando-lhe informações; mas a mente ou cabeça tem uma grande desvantagem: só é capaz de perceber oposições ou dualidades, e por isso sempre há de se ver como separada.

O Reiki nos veio do Japão e é fortemente influenciado pela cultura japonesa e pelo código de honra japonês. Por isso, o compromisso é um elemento intrínseco do Método Usui de Cura Natural. Embora não convenha tratar o compromisso de curar a nós mesmos e aos outros como algo de pouca importância, também não é bom vê-lo como um fardo pesado e opressivo. Se percebermos o Reiki como um fardo, jamais seremos capazes de inspirar ou de apoiar qualquer pessoa em seu processo de cura, nem mesmo a nós mesmos, pois a nossa tendência será a de usar o Reiki de modo superficial e meramente formalista. Em outras palavras, o melhor é ter um desejo natural de compartilhar o Reiki, desejo esse que nos leva a praticá-lo de livre e espontânea vontade. Há momentos, contudo, em que temos de nos levantar e fazer o que temos de fazer, em vez de ceder à preguiça ou à simples lei da gravidade. Com o tempo, vamos aprender quando temos de ser rigorosos e quando podemos relaxar no nosso compromisso com a Energia Universal da Força Vital e na nossa inseparabilidade do seu fluxo contínuo e natural.

Por que o Compromisso Atualmente Quase não Existe, e por que o Stress é Onipresente

Hoje em dia, o estado das coisas no mundo é avassalador e deixa em difícil situação boa parte da população mundial, o que faz com que seja muito difícil para cada pessoa reconhecer e admitir o seu estado de confusão interior. O que está acontecendo é que, no mundo inteiro, muitas pessoas estão despertando para o seu verdadeiro estado: a Liberdade Mesma. Porém, o que essas pessoas testemunham no exterior é exatamente o contrário da liberdade. Isso gera uma tensão e uma confusão incríveis. A pessoa livre não tem necessidade de controlar os outros, mas o que vemos é uma dominação tremenda no mundo exterior, à medida que as antigas forças egóicas, que estão perdendo a batalha, tentam defender suas últimas trincheiras. Tudo tem por base a mesma sensação de separação, a noção de um "eu" separado, que é o culpado e a causa fundamental de toda essa confusão.

Quando a consciência, no papel do corpo/mente, se identifica como separada e isolada, passa também a sofrer de uma sensação de insegurança e sente imediatamente a necessidade de exercer a manipulação e o domínio para garantir — assim ela imagina — a própria sobrevivência. Quando não nos percebemos mais como inseparáveis do Ser total, nós nos afastamos do Coração. Tornamo-nos vítimas, então, de pessoas que vivem nessa mesma forma de consciência, que se identificam com essa mesma percepção de separação, com essa mesma necessidade de manipular e controlar. Isso nos leva de volta ao verdadeiro motivo pelo qual o compromisso consigo mesmo e com os outros é quase inexistente na nossa paródia atual de uma "aldeia global" ou de uma "nova ordem mundial".

Mesmo no passado, que às vezes tendemos a exaltar desmesuradamente, não era comum que houvesse um compromisso saudável com o verdadeiro bem-estar e com a felicidade duradoura que vem da liberdade em relação à separação egóica. Antigamente, na maioria das vezes, o compromisso se travestia de uma falsa noção de obrigação para com valores exteriores, como o rei, o país, a religião, a família e a guilda. De certo modo, essa noção de obrigação era superior ao total colapso de valores que atualmente observamos no progresso à nossa volta. Pelo menos proporcionava uma ilusão temporária de estabilidade e continuidade. Entretanto, quando a obrigação se volta excessivamente para valores exteriores e para a criação de uma dependência cada vez maior em relação a estruturas que os outros nos impõem, ela passa automaticamente a levar em si a semente de sua própria destruição. Vemos isso no caos que se desenrola perante os nossos olhos, à medida que as coisas diariamente se complicam.

O Compromisso nos Dá Força Interior

O compromisso verdadeiro, porém, é de outra natureza. É uma força de convicção interior que se baseia, antes de mais nada, na intuição — confirmada pela experiência — de que a essência indescritível do nosso ser é uma energia primordial sutil, a fonte indescritível de tudo o que existe. Em outras palavras, essa energia primordial dá origem a todas as formas de vida, alimenta-as e sustenta-as, e não se separa delas em nenhum momento no decorrer do processo evolutivo que elas seguem. Sob um aspecto ainda mais denso — o de energia física —, ela molda e define a existência dessas formas de vida, governando os seus ciclos de crescimento e decadência e fazendo manifestar um ambiente adequado no qual o objetivo de cada uma possa ser alcançado.

Entretanto (e esse fato tem conseqüências muito importantes), embora essa energia sutil primordial dê origem a todas as formas de vida, ela não se impõe a nenhuma delas e nunca tenta possuí-las, dominá-las e controlá-las. Embora essa energia cuide de todos os seres vivos, ela não faz alarde do seu poder sobre eles, pois é una e única e não sofre nenhum tipo de separação. Ela não exige que a coloquem acima dessas diversas formas. Na sua capacidade de "liderança", por ser o próprio fundamento da existência, ela age como um guia invisível, mas nunca procura reger ou governar ostensivamente.

Se deixamos crescer em nós a compreensão profunda dessa realidade — a de que todas as coisas são de fato conduzidas por uma energia sutil impalpável mas sempre presente —, nosso compromisso passa a ter por objeto essa energia em si mesma, e não qualquer uma de suas muitas expressões transitórias. Com esse compromisso, nós nos tornamos tão humildes e tão fortes quanto essa energia.

Acaso os líderes dos seres humanos não devem imitar essa humildade? Não devem ser tão discretos, sutis e benignos quanto a Energia Universal da Força Vital? É assim que são os verdadeiros homens e mulheres de Estado, os líderes verdadeiramente esclarecidos do ponto de vista espiritual. Infelizmente, eles são minoria. No mundo de hoje, a maioria dos líderes, em qualquer tipo de atividade humana, estão muito longe de ter uma motivação espiritual. Muito pelo contrário: inconscientemente, e muitas vezes conscientemente, eles agem e governam violando flagrantemente a lei natural universal, sendo sua única motivação a de permanecer no poder indefinidamente, gozando dos frutos desse mesmo poder (o que significa, em geral, roubar os frutos do trabalho de outrem através de uma taxação oculta ou excessiva e de outros meios de sujeição e coação).

Um número excessivo de pessoas ainda está tentando construir impérios pequenos, médios ou gigantescos baseados no poder pessoal. Esses impérios não podem perdurar se não forem guardados e protegidos constantemente pela ameaça e o uso da força, nem podem beneficiar a ninguém. Em última análise, todas as criações baseadas no poder pessoal (no ego) são altamente perecíveis e causam muito sofrimento, pois não são dotadas da Força da Energia Vital sutil. Nas palavras do *Tao Te Ching*:

> Aquele que quer ser respeitado pelas gerações futuras não deve fazê-lo através de grandes demonstrações de força e poder.

Isso imporia um grande fardo sobre os seus descendentes, pois não se pode evitar o lado negativo.

O Medo do Compromisso

É preciso que nos perguntemos: por que a palavra "compromisso" evoca na geração atual uma forte sensação de incômodo, quando não de medo? No mundo de hoje, os meios de comunicação (especialmente os comerciais de televisão e os programas dirigidos às crianças e jovens) nos ensinaram a associar compromisso com falta de liberdade. Em outras palavras, fomos levados a crer que assumir um compromisso é o mesmo que sujeitar-se aos comandos dos mais velhos ou dos superiores. É evidente que ninguém deseja labutar sob esse pesado fardo. Mas esse modo de pensar é uma confusão entre o compromisso e a falsa obrigação a autoridades exteriores. Ele distorce a verdadeira questão.

Além disso, a possibilidade de a pessoa assumir um compromisso com as suas próprias energias e com sua motivação nunca chega a ser aventada. Tampouco se explica que, para ser livres, precisamos nos disciplinar e respeitar a lei natural universal. Nesse esquema de superficialidade e manipulação, a rejeição ao compromisso representa uma rejeição à nossa força mais profunda, que nasce conosco. Por isso, longe de nos libertar, o medo do compromisso nos leva a sofrer de extremas deficiências emocionais e espirituais. Na verdade, esse medo tira o nosso poder.

Na década de 1960, o Ocidente se livrou de uma bagagem pesada e desnecessária que nos fora imposta pela sociedade, bagagem essa que dizia respeito aos relacionamentos entre homens e mulheres e a outros aspectos da vida. Por algum tempo (ou, para alguns, para sempre), desistimos da idéia de que o compromisso do casamento é necessário para se travar um relacionamento. Hábitos antigos e inadequados foram abandonados e, com isso, as mulheres adquiriram uma grande liberdade. No todo, a mudança foi saudável, pois as antigas regras relativas ao relacionamento entre os dois sexos tinham se tornado tão rígidas que impediam a comunicação sincera. Só serviam para impor à mulher o dever e a sujeição e, ao homem, o domínio e a responsabilidade. Nessas condições, não era possível um encontro das almas e o verdadeiro amor e respeito.

O que se esqueceu por séculos é que as pessoas não precisam de padrões sociais artificiais e preconcebidos para se tornarem indivíduos responsáveis e inseridos na sociedade. Fundamentalmente, cada pessoa é a própria Bondade. Por isso, temos de buscar antes de mais nada a nossa bondade original e esquecer totalmente o conceito de "pecado original". Trata-se de um conceito totalmente inadequado, feito para nos sentirmos diminuídos, o que só alimenta os problemas do ego e a noção de separação.

O Isolamento Destrói o Compromisso

As pessoas não precisam atender às expectativas da sociedade para que a sociedade seja saudável. Só precisam cumprir o que têm de cumprir para compreender a sua própria natureza. Em outras palavras, precisam cultivar a sua própria energia sutil da força vital. A revolução sexual dos anos 60 foi de fato uma intervenção divina para dissolver os hábitos restritivos. Mas, como não tratou da necessidade que cada pessoa tem de cultivar as suas próprias qualidades superiores, ela também não conseguiu, no fim, libertar-nos verdadeiramente.

Mas, ao mesmo tempo, o que aconteceu? O divórcio tornou-se coisa corriqueira e as mulheres acabaram arcando com a maior parte da responsabilidade sobre seus filhos. E as mulheres, que passaram a ter de sustentar os filhos, começaram a trabalhar por baixos salários. Apesar das vozes tonitruantes dos meios de comunicação, que alardeiam a igualdade de direitos, as mulheres ainda ganham menos do que os homens pelo mesmo trabalho. Entretanto, a situação dos homens não é mais fácil, pois para eles a competição vai ficando a cada dia mais acirrada. Conseqüentemente, sozinhos e inseguros, muitos homens e mulheres são obrigados agora a voltar toda a sua atenção para a sobrevivência. Desunidos, desprovidos de uma comunidade ou de um grupo maior ao qual sintam que pertençam, eles se tornam alvos fáceis para a manipulação.

As pessoas que não têm nenhum compromisso consigo mesmas ou com os outros, que lutam para sobreviver, são presa fácil da mentalidade consumista. O adesivo que se vê em muitos carros norte-americanos — "Quero fazer compras até morrer" (*I'd rather shop until I drop*) — é uma expressão de quanto é superficial a vida das pessoas. Essa alienação provoca nelas um sofrimento intenso; elas ficam separadas de sua força vital e cada vez mais assoberbadas pelas leis, muitas vezes sem sequer tomar consciência desse fato. Seu egoísmo míope e sua absoluta desconsideração pelo bem-estar próprio e alheio, e pelo planeta como um todo, não são tanto uma falta de moral quanto um problema de absoluta falta de consciência.

Todos ficam a se perguntar por que se sentem tão deprimidos. Lá no fundo, sabem que alguém está mentindo para eles; mas, como essa mentira é contada há muitas gerações, eles não conseguem discerni-la. As pessoas se ocupam tanto de conseguir equilibrar as contas no fim do mês que deixam de ver algo que está bem debaixo do seu nariz: que se tornaram servas voluntárias do atual sistema econômico, baseado na exploração cruel de todos os recursos sem exceção, humanos e não humanos.

As Falsas Lideranças Trabalham Conscientemente para Destruir o Compromisso

Se avaliássemos todas as principais instituições do mundo de hoje e as comparássemos com o modo de operação da energia sutil primordial, que nota lhes daríamos? Como se sairiam as chamadas "superpotências" nessa prova? Fracassariam por completo, pois assemelham-se ao exemplo taoísta do líder que gosta de matar as pessoas e de usar seu poder para ameaçá-las de morte. Sob esse aspecto, são tão perigosas quanto uma criança que manipula um machado gigantesco e afiadíssimo. Essas superpotências regem e governam com mão de ferro a vida de seus povos. Seus governantes são fanfarrões que consideram as pessoas do povo como simples súditos. Mas quem é que governa os governantes?

Por usarem a força e a manipulação, eles não reproduzem em si mesmos a benevolência discreta da verdadeira liderança. Conseqüentemente, com seus atos desorientados e egoístas, eles destroem a tendência natural do ser humano de se comprometer de livre e espontânea vontade com o bem de sua comunidade.

O Compromisso Destrói as Conspirações

Num dos antigos clássicos chineses de Lao Tzu, que foram escritos bem na época em que a corrupção dos valores naturais atingiu em cheio este planeta, afirma-se que é errada a idéia de que somos controlados por um soberano invisível e opressor. Do ponto de vista espiritual, todo e qualquer rumor sobre uma grande conspiração oculta é um sinal de fraqueza. É um indício indubitável de que a consciência ficou presa numa rede de raios energéticos negativos ou destrutivos.

Quando começamos a acreditar nessas coisas, automaticamente nos enredamos ainda mais nas mesmas energias de baixo nível das quais temos a pretensão de nos livrar. Isso porque cometemos o erro de querer combater a corrupção no seu próprio território e seguir as suas próprias regras de guerra. Se avançarmos nesse caminho, acabaremos por nos assemelhar por completo àquilo a que antes resistíamos, assumindo todas as suas qualidades negativas e destrutivas, as mesmas qualidades que queríamos abolir.

Portanto, temos de assumir o compromisso, não de resistir ao mal (o que daria a este a garantia de continuar), mas de perceber a própria bondade da energia sutil que está por trás de *todos* os fenômenos. Essa energia é a nossa própria natureza e o nosso lar natural. Se mantivermos o compromisso para com a nossa natureza, estaremos sempre em paz e teremos à nossa disposição o seu poder silencioso.

Mediante um compromisso total com tudo o que há de verdadeiramente bom, nós automaticamente começamos a nos desembaraçar dos muitos engodos que nos são lançados pelo mundo exterior. Por permanecermos concentrados na energia que contém todas as manifestações e permite que todas as coisas se desenrolem de acordo com uma dinâmica própria, não podemos ser enganados pelas manifestações mais capciosas e destrutivas dessa mesma energia num nível inferior e polarizado. Por estabelecer um vínculo direto com a escala mais elevada da nossa própria natureza, não ficaremos confusos com a teia de pretensão, arrogância e mentira que é inseparável dos raios de baixo nível dessa mesmíssima energia.

Se não nos envolvermos com esse nível inferior, poderemos mesmo assim observar maravilhados certos movimentos, sobretudo no "Banco

Imobiliário" de grande escala que é jogado no tabuleiro da economia. Distanciados da refrega, damos a cada boi o seu nome.

Por exemplo: muitas pessoas dizem, com toda a razão, que certas crises econômicas deste século foram na verdade preparadas e orquestradas pela ganância de uns poucos gigantes, para adquirirem mais poder e mais dinheiro a curto e a longo prazo. Não foram calamidades genuínas, impostas pela força do destino, mas atos mal disfarçados de pilhagem do dinheiro e da propriedade alheia. Tomemos como exemplo a recente crise econômica asiática. Você verá que essas alegações têm bastante fundamento.

Na verdade, essas expedições de pilhagem funcionam de maneira bem simples. Primeiro, os grandalhões que estão por trás do palco criam uma falsa sensação de prosperidade. Estimulam as instituições financeiras que controlam a oferecer grandes linhas de crédito (a partir de "reservas" que simplesmente não existem, nem mesmo de acordo com as próprias regras de reservas fracionadas adotadas por esses bancos) e a apoiar investimentos em enormes projetos de infra-estrutura num determinado país. Poucos anos depois, convencem até mesmo os pequenos investidores a investir todo o dinheiro que economizaram na vida nesse "mercado emergente", ao passo que eles mesmos começam a tirar o time de campo, desvalorizando esse mesmo mercado e sua respectiva moeda. Num nível mais baixo da pirâmide financeira, os banqueiros de investimentos, que não sabem o que os seus chefes estão fazendo a portas fechadas, ficam nervosos e retiram as linhas de crédito. O castelo de cartas desmorona. As bolsas e a moeda entram em queda livre e, poucas semanas depois, os grandalhões compram tudo por uma pequena parcela do preço original; passam a ser donos de um número muito maior de belos hotéis e modernas e produtivas fábricas, e na verdade tornam-se os soberanos econômicos de países inteiros. E, como se tudo isso não bastasse, a essa altura os "bonzinhos" bancos de empréstimo controlados pelos mesmos grandalhões que desencadearam a avalanche entram em cena para estender ao país em crise uma "mão amiga" sob a forma de empréstimos gigantescos, que vão impor ao povo daquele país muitos anos de trabalhos forçados e impostos escorchantes. Um esqueminha esperto que deixa certas pessoas bem felizes, pois por algum tempo elas parecem sentir um alívio do medo de não ter mais poder e dinheiro.

Entretanto, por mais que a idéia pareça inteligente, ela não pode jamais proporcionar um alívio duradouro, pois só a verdadeira força interior e a realização plena podem aliviar o sentimento de carência. Por isso, algumas semanas, meses ou anos mais tarde, os "grandalhões" inevitavelmente montam uma nova armadilha para esbulhar outro povo e roubar o seu sonho de vida e felicidade. Nesse processo, esses grandes tubarões tornam infelizes a si mesmos e as outras pessoas, pois, mesmo sem saber, cometem uma violação flagrante da lei natural universal.

Vamos reafirmar algo que já afirmamos: Seria um engano pensar que essas forças ostensivamente malignas controlam secretamente a nossa vida. Elas não o fazem; ou melhor, elas o fazem somente na medida em que permitimos que o façam, quando caímos na inconsciência e efetivamente negamos o nosso próprio poder interno. Em última análise, ninguém controla ninguém, pois todos, na qualidade de encarnações da bondade infinita da Energia Universal da Força Vital, todos são livres desde o início, e toda e qualquer crença no controle de uma pessoa por outra é absolutamente ridícula. Quanto mais você acredita que é controlado, mais é controlado de fato pela sua própria necessidade de controlar, que o assombrará e o impedirá de dormir à noite e de agir corretamente durante o dia. Por outro lado, os seres humanos conscientes têm a obrigação de dar a cada coisa o nome que lhe cabe. Isso é um elemento do nosso compromisso com a bondade básica da vida. Não devemos ser enganados nem levados a acreditar na falsa concepção de que somos vítimas impotentes.

O modo correto de lidar com essas realidades do samsara está em ignorá-las. Ignorá-las significa permanecer despertos e atentos, olhando todas as coisas que acontecem sem cair na ilusão, mas ao mesmo tempo recusar-se sempre a enfrentar as energias negativas de nível inferior no seu próprio terreno. Às vezes precisamos agir, mas, para que essa ação tenha eficácia, não pode partir do ego.

A Necessidade de Questionar as Supostas Autoridades

Alguém há de se perguntar por que este capítulo sobre o compromisso, num livro sobre Reiki, chegou a questionar de modo tão profundo algumas das principais instituições políticas, sociais e econômicas do mundo atual. Um dos motivos é que essas instituições moldam as nossas vidas e em grande medida determinam para nós o quanto podemos expressar da nossa inalienável liberdade pessoal inata. Por exemplo, na primeira vez em que fui à Índia, há pouco mais de dez anos, os habitantes das cidades tinham muito mais tempo livre. Não eram tão ocupados nem tão "estressados". Aliás, a maioria dos indianos nem sequer conhecia o significado da palavra "stress". Muitos tinham condições de decidir, de repente, passar cinco dias sem trabalhar para ir a um seminário ou fazer um retiro, mesmo quando ocupavam cargos de alta responsabilidade. Hoje em dia, essa liberdade é muito rara. Atualmente, todos parecem labutar sob um pesado fardo, como os ocidentais.

E por quê? Porque todos estão sendo levados a crer que a cura de toda insatisfação interior está em ter mais, em possuir mais coisas. Também à classe média indiana está se vendendo agora a idéia de comprar coisas a crédito — casas e carros, por exemplo. Através de comerciais de TV, essa classe média está aprendendo o que é o cartão de crédito. Em meados da década de 80, eu vi a Europa inteira ser sugada por esse mesmo turbilhão. Antes disso, os europeus eram sensatos demais para confiar no cartão de crédito. Agora, a nova geração européia está tão hipnotizada quanto os norte-americanos. Isso só faz acelerar o ritmo da vida às custas da qualidade de vida. Quando compramos coisas a crédito, temos de trabalhar mais para pagar as nossas contas. Temos menos tempo para passar com os nossos entes queridos, menos tempo para dar aos nossos filhos e para as coisas que gostamos de fazer. Também temos menos tempo para cultivar nossas energias mais profundas e mais sutis e para saber quem somos e o que realmente queremos. Nosso nível de frustração e insatisfação aumenta.

Por isso, saímos e compramos mais coisas para preencher esse vazio, e assim nos afundamos ainda mais em dívidas, de modo que temos de trabalhar mais ainda e ficamos com menos tempo. É assim que *realmente* funciona o atual sistema. Balançando ante os nossos olhos o engodo dos bens de consumo, ele nos seduz a agir contra os nossos próprios interesses, até ficarmos perdidos a tal ponto que não temos mais idéia do que nos está deixando infelizes.

Seja isso como for, a verdade é que não podemos culpar ninguém por esse fato; trata-se apenas de uma situação que devemos perceber e corrigir em nós mesmos. Em última análise, é importante identificar a falsidade e saber o que é real, para não sermos atraídos por novas armadilhas nem termos de parar na nossa caminhada rumo à expressão da Energia Universal da Força Vital num verdadeiro espírito de Liberdade.

O Compromisso Promove a Ação Responsável

A época atual representa uma tremenda regressão em relação às culturas antigas que ensinavam o indivíduo a seguir o próprio Coração. Esse modo de ser, por exemplo, ainda é encontrado entre os lakota da América do Norte, que acreditam que cada pessoa nasce dotada de *skan*, "algo-que-se-move" ou energia espiritual. Eles acreditam também que as pessoas recebem dessa mesma força vital o poder de decidir que caminho trilhar. Cada lakota respeita a decisão de cada um dos demais, e nenhum deles tenta mudar ou interferir na escolha do outro. O mesmo compromisso com o respeito pelas escolhas uns dos outros era universal na nação lakota na época em que floresceu nas grandes planícies norte-americanas.

Quando os lakotas travaram o primeiro contato com os colonos brancos, ficaram muito surpresos com o fato de alguns deles quererem converter os índios ao modo de vida branco. Ficaram perplexos ao constatar que, entre os brancos, havia alguns que pensavam que tinham o direito de decidir pelos outros!

Em essência, é essa mesma arrogância que caracteriza certos elementos acima mencionados que, mortos de medo, procuram desesperadamente dominar os outros; e é essa mesma arrogância que está desencadeando uma série de acontecimentos que nos levam ao ponto culminante de mil anos de medo, cobiça e ódio. Porém, podemos todos suspirar aliviados, pois, como diz o ditado chinês: "Não queira alcançar o cume do poder, pois de lá só se pode descer." Além disso, o fato é que o topo da pirâmide do poder não pode ser mais forte do que os ocupantes dos compartimentos inferiores permitem que seja. Enquanto cumprirmos cegamente a nossa obrigação de trabalhar como burros de carga e não assumir a responsabilidade pelos efeitos de nossas ações ou inações, o atual estado de coisas só vai piorar.

Fica mais fácil assumir um compromisso de responsabilidade quando sabemos exatamente com o que e com quem estamos nos comprometendo. Se assumirmos o forte compromisso de sentir a nossa própria força vital, a própria sabedoria dessa força há de nos ajudar a tomar as decisões corretas. Entretanto, precisamos dar-lhe tempo para crescer e se desenvolver.

O Compromisso Dissolve Dúvidas e Confusões

O compromisso é, na verdade, um elemento natural da vida; o problema é que a nossa tendência natural de assumir compromissos tem sido canalizada para direções estranhas. Como vimos nos exemplos acima mencionados, quando as pessoas identificam liberdade e falta de compromisso, elas se fragmentam interna e externamente. Então, o único objetivo de suas mentes passa a ser a obtenção de prazer e a sobrevivência do seu ego, o que as torna fracas e fáceis de manipular. Sua assim-chamada "liberdade" as transforma em gado, em ovelhas, e muda-se por fim no próprio pesadelo da escravidão.

Quando, pelo contrário, existe um forte vínculo de compromisso entre os seres humanos — o que vemos nos exemplos dos lakota e dos japoneses de antigamente —, bem como entre o ser interior e exterior de cada pessoa, as pessoas tendem a ter mais certeza dos seus próprios valores e a seguir sua voz interior.

O *I Ching* nos diz algo parecido com isto: "O sol tem o compromisso de ter um número *x* de erupções por dia para manter seu calor num determinado nível. A terra tem o compromisso de permanecer a uma determinada distância do sol, a fim de que a vida possa se conservar." O que isso nos mostra é que todas as formas de vida têm o compromisso de seguir certas leis universais para que a vida possa continuar.

Todos nós precisamos nos comprometer agora com tudo aquilo que sustenta e promove a vida. O Reiki, sendo a própria Energia Universal da Força Vital, tem esse efeito na medida em que acalma a mente e faz crescer a força vital do praticante. Para os que seguem o caminho do Reiki, talvez convenha ter em mente o conselho dos índios norte-americanos: só se comprometa com algo que poderá fazer bem às próximas sete gerações.

Agora, só devemos nos comprometer com coisas que nos permitem sair daquela espiral descendente que leva ao que a tradição Vajrayana chama de mundos infernais: devemos assumir o compromisso de amar todos os seres, de respeitar nossos sentimentos e os dos outros, de buscar a nossa sabedoria interior e o nosso caminho, de respeitar o caminho dos outros e, acima de tudo, de cumprir todos esses compromissos com alegria.

É importante lembrar que só o compromisso pode nos libertar da dúvida e da ambigüidade, da "decisiofobia" que nos mantém mergulhados na confusão. No mínimo, no mínimo, o ato de assumir um compromisso trará a nossa dúvida à tona para ser conhecida e descartada ou resolvida. Cada um de nós é dotado da sabedoria interior necessária para tomar a decisão correta em todos os momentos e circunstâncias. Só precisamos nos acostumar a ouvir essa voz, que fala bem baixinho.

A prática do Reiki nos apóia nessa caminhada, na medida em que tranqüiliza a mente o suficiente para ouvir a voz da sabedoria e intensifica a nossa energia de força vital para nos capacitar a seguir o nosso verdadeiro caminho. Nosso compromisso com a prática do Reiki é um dos maiores dons que podemos dar a nós mesmos, pois nos habilita, em última análise, a despertar para a maravilha do Ser. Já despojados de toda dúvida e confusão, podemos então simplesmente Ser — na harmonia de tudo o que É. Assim, o compromisso gera um Amor maior.

Unidos

Você e eu
como somos comprometidos um com o outro

inseparáveis
como a chuva e a Terra

raízes de erva
unidas ao chão

encharcadas
depois da chuva da manhã

— Narayan

Três Ciclos de Exercícios para Ajudar Você a Conhecer o Valor do Compromisso

Para começar, leia cuidadosamente no começo do livro as sugestões gerais e específicas relativas às sessões de prática. Se for preciso, releia-as diversas vezes. Antes de começar o primeiro dos três ciclos de vinte e um dias, você precisa estar plenamente disposto a praticar os exercícios sem pausa até que os três ciclos estejam completos. Se não tiver certeza de que está disposto a dedicar o tempo necessário aos exercícios todos os dias, do primeiro ao sexagésimo terceiro, nem sequer comece. Você só estaria contribuindo para reforçar a crença inconsciente de que esse exercício (como todas as outras coisas que você faz na vida) não funciona, ou de que você é um perdedor. O segredo está na dedicação voluntária. Se você não tem certeza de estar comprometido com a prática, é melhor esperar até que esteja. Então, só trabalhe com as sessões de prática quando tiver certeza que vai querer seguir em frente até completar os três ciclos. Decida-se a praticar somente uma rodada de três ciclos de 21 dias por vez (os três ciclos referentes a um único capítulo). Talvez você não queira ou não precise passar pelas sete rodadas. Se cumprir o seu compromisso com uma rodada, terá uma sensação de realização que lhe será benéfica quando o seu entusiasmo diminuir, o que certamente vai acontecer. Se precisar reler as instruções para o exercício de redação com tempo marcado, faça-o agora. Leia mais uma vez as *Sugestões Gerais para as Sessões de Prática*, que constituem o Prólogo deste livro.

Compreenda o Compromisso

Por vinte e um dias consecutivos, faça a cada dia uma sessão de 15 minutos de redação com tempo marcado, começando com a frase: "Quando alguém não cumpre um compromisso assumido, eu me sinto..." Escreva esse começo de frase no seu caderno e vá em frente, seguindo o fluxo da sua consciência.

Saiba qual é o Sentimento que o Compromisso Gera em Você

Durante vinte e um dias consecutivos, comece o dia contemplando por dez minutos a palavra "compromisso", com o coração e a mente abertos, explorando as reações e sentimentos que essa palavra evoca em você. Fuja de todas as idéias preconcebidas acerca de como você "deve" se sentir. Simplesmente preste atenção em tudo o que surgir dentro de você diante da questão do compromisso. Assuma a atitude de uma simples testemunha. Quando terminar, reserve um tempo para tomar nota de algumas das suas observações num caderno.

Compromisso com a Auto-Afirmação

Durante vinte e um dias consecutivos, comece o dia cantando em voz alta: "Sou a Vida. Sou o Amor. Sou a Beleza. Sou tudo para mim, e amo esse Ser Divino que eu sou." Repita isso vinte e uma vezes, contando nos dedos. Quando cantar ou recitar essas palavras, faça-o com sentimento, pesando o sentido das palavras; mas também tenha consciência de todas as dúvidas que surgirem, de todas as lembranças e sentimentos que porventura neguem a afirmação audaz que você está fazendo. Seja dramático se quiser, e grite as palavras. Quando terminar, se quiser, faça algumas observações no caderno. Mas não se estenda demais nem caia na nostalgia. Simplesmente escreva o que você sentiu nessa ocasião em particular e ponto final.

CAPÍTULO 5

Amor

A firme convicção de que és Existência-Consciência-Felicidade é o Fim do Ensinamento.
Porém, ainda para além disso, existe um Segredo sagrado.
Esse Segredo sagrado deve ser buscado em segredo e seguido como coisa sagrada.
Vai constantemente à Fonte. Não pares ainda na Fonte,
Mas vai sempre mais fundo. O Segredo está além.
Tens de dar ainda um passo
da Paz-Consciência-Felicidade para o Mistério Além da Mente.

— Papaji

No nível mais excelso, tudo é energia e tudo é Amor — um Amor indescritível, sem limites e absolutamente indivisível. Quando o Amor é conhecido na sua verdade, a realidade como um todo passa a ser o paraíso que de hábito buscamos em outra parte. Além disso, se tudo é energia e tudo é Amor, disso decorre que, se experimentarmos diretamente na nossa vida o Amor que é o fundamento de toda a existência, estaremos automaticamente livres — finalmente livres da nossa arraigada noção de separação e da constante busca de uma solução fora de nós mesmos; livres da compulsão de adquirir fora de nós o que não vemos dentro de nós. Ao fim e ao cabo, a experiência direta desse Amor que penetra e abarca todas as coisas nos dá força para suspender a busca e gozar do fato de que, onde quer que estejamos, estamos em casa. Já não há motivo para desânimo. Sempre podemos e só podemos ser o que nós somos. Somos o Amor, e só o Amor É.

O Reiki — a Energia Universal da Força Vital — é o Próprio Amor, ao passo que a forma do Método Usui de Cura Natural, também chamado Reiki, é um meio simples e prático de se lidar com a energia do amor. Por ser o Reiki a energia de toda a criação, quanto mais o aplicamos, tanto mais nos abrimos à energia intrínseca de todas as formas de vida — aquilo que somos em essência: o Próprio Amor.

O Reiki é de fato um caminho de cura pelo Amor: desde o simples amor que sentimos por nós mesmos ou por outra pessoa, quando damos um tratamento, até a experiência espontânea do Amor em toda parte. Enquanto caminho de cura pelo Amor, o Reiki aos poucos nos ajuda a nos livrar de muitos hábitos violentos e destrutivos, hábitos profundamente entranhados em nossa alma e que absorvemos da consciência coletiva por terem sido maciçamente repetidos durante vários milênios. Através do Amor, o Reiki cura muito mais do que os sintomas superficiais, como uma febre ou um resfriado. Cura também, depois de certo tempo, a febre da falsa emocionalidade e a fria repressão dos sentimentos de compaixão que sentimos por nós mesmos e por toda a criação, mas que são negados pela nossa alma.

O Amor é Maior do que o Medo e a Dúvida

O segredo sagrado que está além da origem da Paz-Consciência-Felicidade é o Amor. Não a noção romântica de amor que concebemos com a mente e nos deixa emocionados, mas o Amor que somos. O Amor é a nossa própria essência, mas é raro vê-lo expresso neste mundo! Quão pouco ele ousa vir para fora e fazer-se evidente e inegável, maior que toda hesitação e toda dúvida!

É importante que nos perguntemos: Quando amamos, costumamos nos sentir inseguros ou mesmo envergonhados? Como se o amor fosse uma coisa boba e nós virássemos motivo de riso por estar amando? Às vezes, nos pegamos até a pensar o seguinte: será que é correto amar sem reservas? Completamente, sem restrição alguma? Será aceitável amar quem quer que o Próprio Amor, sediado no Coração, nos mande amar? Amar emocional, espiritual e fisicamente, sem guardar nada para si? Por acaso isso não nos deixaria muito dependentes ou muito vulneráveis?

O medo do amor é extremamente destrutivo, pois o amor não diz respeito somente ao nosso relacionamento com as outras pessoas, mas também, em grande medida, a como nos sentimos em relação à nossa própria pessoa e à nossa vida. Está claro que uma coisa é a projeção da outra. Mesmo no domínio oculto da nossa vida interior e dos nossos sonhos, os mesmos medos aparecem e contaminam a inocência dos nossos sentimentos. Quão freqüentemente nos censuramos inconscientemente, apresentando-nos, sem nada dizer, a seguinte pergunta: O fato de eu ser tão intimamente tocado pela beleza e pela perfeição deste momento, que me deixou sem fala e fez brotar lágrimas dos meus olhos, não significa que estou maluco? Se uma melodia, uma flor, um sorriso, um pôr-do-sol ou seja lá o que for me tocar tão profundamente a ponto de eu perder toda a noção de separação, será que não vou me expor ao ridículo, perdendo a frieza, a razão e, acima de tudo, o autocontrole?

Ao mesmo tempo, o que nós mais queremos é livrar-nos desse rígido autocontrole e ansiamos profundamente por nos ver livres do crítico interior, do censor que nos rouba nossos melhores momentos, as experiências de felicidade e ternura que secretamente apreciamos. Ansiamos profundamente pela doce entrega do amor... e ao mesmo tempo temos um medo terrível quando as asas do amor roçam em nós e nos tiram da nossa costumeira autocomplacência.

Só o Ego Tem Medo do Amor

Na verdade, não somos "nós" que temos medo. Quem tem medo é o ego criado pela mente. Ele tem medo de perder o seu poder de manipulação e controle; teme pela própria sobrevivência. O ego é definido pelos padrões nele embutidos, com os quais nos identificamos totalmente. Ele é incapaz de enxergar qualquer coisa que esteja além do seu quadro condicionado de referências. Em outras palavras, o ego é totalmente condicionado, como o disco rígido de um computador: só pode operar de acordo com a memória nele guardada. O Amor, por outro lado, é incondicional — e é por isso que o ego não consegue não ter medo do amor. O Amor desmonta o mundo do ego, derruba os seus elaborados construtos e dissolve a necessidade de que ele exista. Como o Amor não impõe condições, também o governo despótico do ego se torna desnecessário. Mesmo o ego poderia ser abraçado pelo amor, mas ele prefere não ser, pelo medo de ser totalmente aniquilado.

A Necessidade de Amar e o Medo da Vulnerabilidade

O Amor nos impõe um sério desafio, pois, por um lado, assim como um bebê precisa dos cuidados da mãe, nós precisamos dos cuidados do amor em todos os estágios da nossa vida, da infância à velhice. Por outro lado, na verdade nós não queremos que o amor se aproxime demais, pois ele nos deixa abertos e vulneráveis. Infelizmente, existem inúmeras lembranças guardadas nas células do nosso corpo desde a infância, até mesmo de outras vidas, que nos alertam dos perigos da vulnerabilidade.

Quando estamos vulneráveis, corremos o risco de nos machucar. Por isso, pelo medo de nos machucar, afastamos de nós o amor e a vulnerabilidade que o acompanha — e, concomitantemente, perdemos a nossa paixão, o nosso gosto de viver plenamente. Em suma: tornamo-nos meio mortos, infelizes, estranhos a nós mesmos, vagando como zumbis por uma existência sem coração. Podemos até nos convencer superficialmente de que é assim que as coisas devem ser; elaboramos então os mais sólidos motivos para justificar a nossa falta de envolvimento. Porém, essa falsa segurança é como a de assobiar no escuro: falta-lhe o poder da convicção. Embora muitos interesses ocultos procurem agressivamente vender todo tipo de idéias acerca de como deve ser a vida "real", nós sabemos que essas idéias são falsas, pois todas elas ignoram a imensidão do nosso ser e a plenitude do amor.

Assim, conhecemos intuitivamente a nossa bondade intrínseca, pois lá no fundo bate sempre o coração do nosso verdadeiro ser. Ele continua pulsando, disseminando a sua energia, comunicando a força vital. E, mais no fundo ainda, o Coração *é* inseparável de tudo o que existe. Como esse Coração inseparável não pode ser percebido, nem muito menos controlado pelo ego, nós, em segredo, vivemos feridos, sofrendo da separação imposta pelo ego... e continuamos ansiando pela inseparabilidade que vem da vida do Coração. Quanto mais negamos essa ansiedade, mais forte ela se torna, muito embora possa permanecer inconsciente por um longo período, manifestando-se somente como uma insatisfação.

Reiki: uma Expressão do Amor Incondicional

Quando o Buda Shakyamuni, em sua infinita compaixão, comunicou o ensinamento contido no *Tantra do Raio que Cura o Corpo e Ilumina a Mente*, do qual deriva o Reiki, sua intenção era a de libertar todos os seres do fardo do sofrimento. Ele sabia que os seres, completamente consumidos pela sua sensação de separação e assoberbados pelas tensões da vida cotidiana e da busca de sobrevivência (como estão os seres humanos neste nosso período histórico), não seriam capazes de desapegar-se e concentrar-se por tempo suficiente para perceber o Amor que é a própria Base da nossa existência, da nossa essência. Na tradição oral associada a esse Tantra, ele ensinou muitos métodos específicos e complexos de cura e autocura, e deu a transmissão direta de energia que tem sido passada no decorrer das eras até o dia de hoje.

Quando o Dr. Usui encontrou esses ensinamentos, observou em seu diário que "sua mente e seu coração pegaram fogo". Intuitivamente, ele soube que tinha descoberto uma jóia rara e preciosa. Ficou claro que ele havia encontrado um veículo completo para a realização da cura, do amor e da compaixão de um Buda. Mas ele sabia também que as práticas apresentadas no ensinamento budista original eram muito complexas e demoradas para a pessoa comum. É por isso que ele buscou meios de torná-las mais acessíveis a toda a humanidade, e criou, finalmente, o sistema de cura do Reiki, que tem sido transmitido em diversas linhagens contínuas como prática leiga (não associada a uma religião específica) a pessoas dos mais diversos antecedentes culturais e filosóficos.

Na sua forma drasticamente simplificada, o Reiki não exige de ninguém um esforço árduo. Também não exige que o praticante decore e absorva uma grande quantidade de informações a serem usadas depois. Ele exige principalmente a abertura e a disposição de pedir a transmissão direta de energia sob a forma das iniciações. Quando esse elo de energia se estabelece do modo correto, o Reiki pode ser usado sempre que houver ocasião para tal, sempre que o nosso amor por nós mesmos ou por outra pessoa cresce a ponto de nos levar a partilhar a Energia Universal da Força Vital.

Nesse sentido, o Reiki é uma expressão do amor. Temos de ter suficiente preocupação por nós mesmos e pelos outros a fim de sentir e deixar brotar a intenção de tratar outra pessoa. Quando sentimos esse impulso, podemos então dedicar livremente o nosso tempo à cura. Dessa forma, o Reiki fortalece as nossas melhores qualidades, que são na verdade muito mais próximas da nossa verdadeira natureza. Opõe-se, portanto, à armadura de agressividade que às vezes vestimos para nos proteger dos perigos e sobreviver num ambiente relativamente hostil.

Fundamentalmente, o Reiki, o Método Usui de Cura Natural, é um meio de que dispomos para devolver a nós mesmos um pouco daquilo que já somos, que é o Amor. O Amor a que me refiro aqui não é condicional. É o amor que ama independentemente de você ser "bom" ou "mau", que ama você do jeito que você é e não julga. É o amor que tranqüiliza a mente turbulenta, que rejuvenesce o corpo com a força da energia e que é transmitido através do toque amoroso e consciente.

Nisso não há nada a "fazer"; é só ouvir conscientemente o amor que passa pelas mãos sob a forma de energia vibratória, recarregando cada célula conforme o necessário. O Reiki nos habilita a devolver ao nosso ser exatamente aquilo que tínhamos tanto medo de pedir, e depois nos deixa livres para pedi-lo. O Amor a que tão freqüentemente resistimos, em virtude do nosso medo do desmascaramento, manifesta-se então como uma presença cada vez mais viva que aumenta a nossa confiança e nos liga de novo com a Origem.

O Dr. Usui — um Mensageiro da Energia do Amor

O Dr. Usui nos relata uma bela história, registrada em seus diários, que ilustra a intenção de amor do Reiki e o papel do próprio Dr. Usui em difundir o Reiki pelo mundo. "Certa vez", diz ele, "houve um *daimyo* (senhor feudal) bom e generoso que tinha em suas terras uma excelente fonte de água e estava disposto a partilhar essa água com todos quantos lha pedissem. Porém, por ser ele de elevada e nobre estirpe, as pessoas tinham medo de dirigir-se a ele diretamente para pedir-lhe a água. Elas não se julgavam dignas de aproximar-se de um homem tão nobre. Por isso, pediram que o chefe da aldeia fosse ao *daimyo* e, em nome de todos, lhe pedisse o uso da preciosa água da fonte. O chefe da aldeia fez isso." Continua Usui: "O *daimyo* bom e generoso é o próprio Buda da Medicina, que está pronto a atender aos pedidos de todos os que dele se aproximarem. Porém, certas pessoas têm medo ou sentem que não têm mérito suficiente para fazer isso. É para essas pessoas que estou aqui, pois sou semelhante ao chefe da aldeia que está disposto a apresentar os pedidos delas ao Buda da Medicina."

Ele afirma ainda que as pessoas que não têm medo de dirigir-se diretamente ao Buda da Medicina sentir-se-ão por fim chamadas a estudar e a praticar os ensinamentos do *Tantra do Raio*, transmitido atualmente por um grupo de *senseis* (mestres) subordinados ao Lama Yeshe, diretor espiritual do *Men Chos* ou *Reiki do Dharma da Medicina*. As pessoas que acreditam que precisam da intercessão do Dr. Usui, o bom médico (como foi chamado pelo seu discípulo Watanabe Sensei), serão atraídas a praticar a forma leiga de Reiki que tem se tornado tão popular no mundo inteiro.

Como nos mostra a parábola do Dr. Usui, o Reiki nos reconduz à fonte da cura, à água refrescante das terras do Buda da Medicina. Em certo sentido, não há diferença alguma entre a via direta e a indireta, pois ambas, ao fim e ao cabo, levam à mesma fonte. Isso porque todas as coisas só podem retornar àquilo que essencialmente já são. No Budismo, essa idéia às vezes é expressa através do conceito de Mente Búdica ou *Tathagatagarbha* (O Embrião Daquele que Assim se Foi), a semente de iluminação que existe em todas as coisas. Ramana e Papaji chamam essa mesma coisa de *Isso*, ou *Ser Verdadeiro*. Os índios norte-americanos falam com profundo respeito do Grande Espírito e do seu Grande Mistério. Jesus expressou a mesma realidade ao povo de sua época quando disse "Eu e meu Pai somos Um." Tudo isso, porém, se refere ao mesmo nível ou modalidade de experiência direta da realidade.

Cada cultura e cada tradição dá um determinado nome a essa experiência. Por mais que os nomes sejam diferentes, e por mais diversas que sejam as crenças e explicações construídas em torno desses nomes, todos eles só servem para designar algo que jamais poderá ser descrito em palavras. Todos apontam para o mesmo nível de realização da Verdade de tudo — que é o Amor. Quando usamos o Reiki, nos abrimos e abrimos nossos pacientes a esse mesmo Amor — quer percebamos o profundo caráter libertador dessa experiência, quer não!

O Reiki Aumenta a Autoconfiança e o Amor

Quando o Reiki aumenta pela primeira vez a nossa confiança, nós começamos a sentir mais plenamente os nossos sentimentos. A alegria que surge, porém, às vezes é acompanhada por antigos sentimentos de tristeza e pesar. Quando, a cada tratamento, nós aumentamos a freqüência da nossa força vital, os antigos sentimentos reprimidos se desprendem e vêm à superfície para serem sentidos pela primeira vez. Por isso, quando eles vêm à tona, é melhor tratá-los com carinho, abraçá-los incondicionalmente com amor, e não resistir a eles nem julgá-los. É importante promover a auto-aceitação em todos os níveis, encarando todos os pensamentos e sentimentos que vierem à tona como antigos obscurecimentos kármicos, antigos hábitos mentais, que simplesmente precisam ser percebidos e depois abandonados. A resistência só fará perpetuá-los. Por que deixá-los para outra vida? É preciso simplesmente (e literalmente) amá-los até a morte, até que tudo o que surja no nosso corpo e na nossa mente se integre na aceitação total e no amor completo e incondicional.

Os sentimentos de culpa e de vergonha devem ser abandonados a todo custo. A culpa, o instrumento que a sociedade usa para nos controlar e nos diminuir, não tem o que fazer numa psique sadia. Uma coisa é sentir remorso por ter ferido alguém; cabe aí até um pedido de desculpas. Porém, depois de pedir desculpas, esqueça o assunto; não deixe que nem a sua mente nem as outras pessoas apresentem esse erro involuntário como um argumento contra você para sempre. É importante lembrar que todos os seres vivos, você inclusive, agem da melhor maneira possível com o conhecimento de que dispõem no momento. Se você tiver isso sempre em mente, com facilidade desenvolverá a compaixão por si mesmo, compaixão essa que então transbordará naturalmente sobre os outros seres.

Amor e Sexo

O nosso dilema relativo a isso que chamamos de amor tem como uma de suas causas o fato de a civilização humana de todo o planeta, dos últimos cinco mil anos, ter proibido um aspecto importante da expressão do amor, na medida em que condenou e até mesmo desprezou a sexualidade como um mal. O sexo foi chamado obra do diabo e identificado com a pura e simples devassidão, quando a verdade é que a sexualidade humana normal é absolutamente sadia. Através dessas crenças falsas e destrutivas a respeito do sexo, a realidade foi virada de ponta-cabeça. A verdade é o contrário: o sexo amadurecido é um sinal de sanidade; e a repressão do sexo em nome de valores espirituais ou morais ditos "superiores" é o demônio que nos condena a sofrer em inúmeros infernos da nossa própria criação.

O Medo do Amor e o Medo do Toque das Mãos

É preciso tratar deste assunto quando falamos do Reiki, pois o medo de tocar outra pessoa, que às vezes acomete alguns iniciantes no Reiki, só surge em virtude dos tabus profundamente entranhados que erroneamente relacionam com o sexo todas as formas de toque praticadas entre adultos. Existe também uma confusão, quando não uma pura e simples ignorância, a respeito da diferença entre sexualidade e sensualidade. Na mente da maioria das pessoas, as duas coisas freqüentemente se confundem; e, em quase todas as culturas contemporâneas, os desejos de qualquer uma dessas duas coisas são considerados culpáveis.

No Dicionário Webster's, a primeira acepção de "sensual" é: "do corpo e dos sentidos, contrapostos no caso ao intelecto ou ao espírito (prazeres corpóreos ou *sensuais*!)". As duas acepções seguintes, mais recentes, identificam a sensualidade com a sexualidade; mas a quarta acepção, que é dada como rara, e que tem relação com o significado original de "sensual", é: "sensorial, sensório". "Sensorial" é "algo derivado dos cinco sentidos, ou baseado neles, ou que os afeta, ou que a eles faz apelo, ou que por eles é percebido". No Capítulo 7, discutiremos detalhadamente o quanto o tato e o toque da pele são essenciais para a própria sobrevivência do corpo e da mente, especialmente na infância. O importante é compreender que o toque amoroso é igualmente necessário para os adultos: a forma sensual ou sensorial de toque, que é tão importante quanto a variedade sexual, se não mais.

Para compreender melhor os nossos sentimentos reprimidos relacionados com o medo do toque, precisamos discutir mais a fundo a sexualidade. Em essência, podemos dizer que não temos a menor esperança de amar a nós mesmos e aos outros de maneira estável quando negamos a nossa sexualidade, que é um elemento intrínseco da existência biológica e emocional do corpo e da mente. Afinal de contas, foi um ato sexual e (de preferência) um ato de amor que trouxe à existência este corpo e esta mente.

Além disso, na qualidade de seres humanos, nós somos criaturas intensamente sexuais. Somos os únicos mamíferos deste planeta para quem o sexo só é opcionalmente um ato de procriação, mas principalmente um gesto de intimidade e carinho. Em todas as outras espécies de mamíferos, a fêmea se faz disponível para o coito exclusivamente quando está fértil ou "no cio", e o macho só demonstra interesse pela fêmea quando o aroma de fertilidade fica forte demais, de modo a provocar uma reação instintiva. É assim que acontece com os cervos, os elefantes, os leões e também (é claro) com os camundongos!

Mas não é assim que acontece com os humanos. Os homens e as mulheres, em sua maioria, vivem livres das restrições impostas pelos ciclos hormonais, pois desejamos a relação sexual independentemente de o óvulo estar pronto para ser fertilizado ou não. Somos diferentes também sob outro aspecto: só os seres humanos são fisiologicamente equipados para manter relações sexuais um de frente para o outro, dotados do poder de estabelecer uma profunda ligação espiritual e anímica através do olhar enquanto se unem. Esse fato evidencia como absurda toda e qualquer negação da dimensão espiritual da sexualidade humana. Se o sexo é somente um "impulso animal", como afirmam alguns, por que a sexualidade humana é tão radicalmente diferente de todas as expressões sexuais que conhecemos no reino animal?

A Violência, a Dominação e a Submissão São Resultados Diretos do Medo do Amor

Se a violência, o estupro e a exploração são elementos tão presentes na imagem que atualmente temos da sexualidade, isso não se deve a um defeito intrínseco desta, mas a padrões de dominação e jogos de poder sobrepostos ao sexo. Não é o sexo que transforma certos homens em estupradores; é a *repressão* da expressão do amor através do sexo, imposta pelas diversas culturas e religiões, que faz isso acontecer — ou senão a identificação inconsciente com uma estrutura de comportamento que só é capaz de entender as coisas num quadro de submissão e dominação, e nunca é capaz de apreciar a beleza da igualdade absoluta.

Infelizmente, essa estrutura ainda tem grande domínio sobre o mundo atual. Quase todos os governos, empresas, organizações religiosas, estruturas e entidades sociais, com pouquíssimas exceções, baseiam-se num sistema de medo, criado para manter as pessoas "na linha" mediante o domínio e a submissão. A democracia e os chamados direitos humanos são apenas uma cortina feita para esconder os fatos nus e crus sob um manto de falsa decência. São a luva de pelica que cobre o punho de ferro. Se há algo de errado com a expressão da sexualidade, é aí que devemos buscar a origem do erro.

A Transformação Através do Amor que nós Somos

Em última análise, a responsabilidade é só nossa. Só somos controlados na medida mesma em que nos deixamos controlar. E só nos deixamos controlar na medida mesma em que permanecemos inconscientes do Amor que verdadeiramente somos.

Há uma coisa que temos de aprender por experiência neste planeta: que o Amor manifesto no plano físico se expressa através da energia sexual transformada pelo uso correto, ou seja, acompanhada de uma intenção amorosa desperta. Em outras palavras, quem nega o sexo, nega o amor; e quem nega o amor, nega a vida. Para conhecermos o amor como a própria essência da vida, como a própria energia que nos sustenta, temos, em algum ponto do caminho, de aprender a apreciar o sexo como uma Graça divina.

Quando assimilamos esse conhecimento mais profundo dos nossos impulsos naturais, podemos nos deparar com o seguinte paradoxo: quanto mais aceitamos a nossa sexualidade como algo natural, tanto mais livres nos tornamos da nossa anterior obsessão doentia pelo sexo, obsessão essa que se configurava como uma reação emocional, um pensamento compulsivo ou um determinado hábito de comportamento. Pode até ser que, no fim, venhamos a nos livrar totalmente do nosso apego pelo sexo, mas isso só depois de sentir e satisfazer profundamente o nosso desejo.

Para que esse abandono da sexualidade seja lícito, ele deve acontecer no momento correto e não pode ser forçado. Não podemos provocá-lo através de uma abstinência "espiritual" artificial, como a praticada pelo principal personagem masculino do controverso filme indiano *Fogo*: o marido que decide abster-se de manter relações sexuais com a esposa durante treze anos mas, de maneira doentia, deita-se periodicamente ao lado dela para provar (falsamente) que está curado do desejo. Se estivesse de fato "curado", evidentemente não teria a necessidade de pôr seu desejo à prova por longos treze anos!

E por que deveria "curar-se"? E nós? Se é fato que tudo é energia e amor, então todas as coisas partilham a mesma natureza e são igualmente sagradas: o amor divino não é superior ao amor humano e o relacionamento sexual é uma oração do Único, que celebra sua unidade numa aparente multiplicidade ou polaridade de formas.

No fim, nada nos resta fazer a não ser nos aprofundar cada vez mais a fim de deixar revelar-se o que ainda está além do além. Para mergulhar na indescritível ludicidade criativa da Energia Universal da Força Vital, temos de dar mais um passo: o passo que nos leva da Paz-Consciência-Felicidade ao Mistério Além da Mente.

O Caminho Indireto para se Lidar com o Tabu do Amor

A esta altura, não há problema algum em que você tenha algumas dúvidas em relação à profunda convicção de igualdade mencionada nos parágrafos anteriores, e não consiga aceitar, sem censurá-los, os seus próprios sentimentos sobre o sexo ou outros assuntos considerados tabu. Às vezes, temos de nos aproximar das novas possibilidades de maneira indireta. O ataque frontal poderia provocar uma resistência e um medo muito fortes. Como já dissemos, o caminho indireto é exatamente o caminho pelo qual o Reiki trata desses ou de outros assuntos controversos, e dos bloqueios de energia em geral.

O Reiki não faz juízos acerca das nossas atitudes ou preferências sexuais. Ele não se importa com o fato de nos considerarmos tradicionais ou "liberados". Não nos impõe uma mudança de hábitos ou de valores. Simplesmente restabelece o nosso vínculo com a energia que constitui o nosso ser fundamental e, por esse meio, restabelece o nosso vínculo com o Amor que somos. Depois disso, cabe à energia e ao próprio Amor inspirar e provocar as transformações exigidas — exigidas não pelo nosso ego ou pelo ego de alguém, mas sim pela Força Vital Universal: a vastidão que nós somos realmente.

A motivação do Dr. Usui foi mostrar que a prática do Reiki sugere um espírito de total receptividade e aceitação. Sua idéia obviamente era descobrir uma nova forma de medicina energética que pudesse ser praticada por qualquer pessoa em qualquer lugar do mundo, independentemente de crença, religião ou posição filosófica. Há no mundo muitos sistemas de cura espiritual pela imposição das mãos. Todos eles se ligam cada qual a um conjunto específico de referências e nem sempre geram resultados nas pessoas que não partilham das mesmas crenças. O verdadeiro gênio do Dr. Usui estava na sua capacidade de criar um sistema que funciona independentemente de qualquer crença. Sua capacidade de criar um sistema que possa redespertar em todos a consciência de vínculo direto que temos com a Energia da Força Universal é, a seu modo, muito especial.

Para ser eficaz para tantas pessoas diferentes, todas as quais naturalmente portam a bagagem de seus diversos conjuntos de hábitos condicionados de comportamento, o Reiki teria de ser livre de dogmas. Se fosse carregado de dogmas, o Reiki jamais teria alcançado um público tão amplo. Por isso, mesmo quando nos sentimos motivados a promover mudanças saudáveis através da prática do Reiki, convém sempre nos lembrarmos da importância de deixar que o próprio Reiki trabalhe, em vez de tentar forçar a ocorrência de um resultado específico.

Talvez o melhor seja abrir-se e deixar que o universo nos dê algo que ultrapasse de longe a nossa limitada imaginação — quer seja esse algo do nosso gosto, quer não. Confiamos em que o resultado será perfeitamente adequado à atual situação. Em última análise, a Igualdade, a Liberdade, a Justiça e o Amor, que são os sinais distintivos da equanimidade que buscamos, não podem ser estabelecidos por decreto: só podem ser percebidos e sentidos. Precisam nascer do conhecimento direto da energia que nós somos. Saber disso e deixá-lo acontecer é o mesmo que ir além da mera abertura estática da Paz-Consciência-Felicidade; é chegar à Paz-Consciência-Felicidade na ação consciente que acontece sem a sua ajuda — e que, portanto, não tem um agente específico.

Os Frutos do Amor

Mesmo durante
as horas escuras
da mais escura noite

Sol e Lua
se abraçam secretamente
trêmulos

Da união de seus lábios
nas ondas lânguidas do Amor
quando toda resistência

É engolida
e da fonte que jorra
centro sem miolo

Lágrimas caem como chuva
pronta a fertilizar
dez milhares de mundos

De modo que meus cuidados se esvaem
e se desfazem nossas armaduras
neste único abraço

Que cura toda ansiedade
mediante o despertar de uma ansiedade
ainda mais profunda

De uma satisfação tão ampla quanto o espaço

— NARAYAN

Três Ciclos de Exercícios para Ajudar Você a Abrir-se para um Amor e uma Compaixão Maiores

Para começar, leia cuidadosamente no começo do livro as sugestões gerais e específicas relativas às sessões de prática. Se for preciso, releia-as diversas vezes. Antes de começar o primeiro dos três ciclos de vinte e um dias, você precisa estar plenamente disposto a praticar os exercícios sem pausa até que os três ciclos estejam completos. Se você não tiver certeza de que está disposto a dedicar o tempo necessário aos exercícios todos os dias, do primeiro ao sexagésimo terceiro, nem sequer comece. Você só estaria contribuindo para reforçar a crença inconsciente de que esse exercício (como todas as outras coisas que você faz na vida) não funciona, ou de que você é um perdedor. O segredo está na dedicação voluntária. Se você não tem certeza de que está comprometido com a prática, é melhor esperar até que esteja. Então, só trabalhe com as sessões de prática quando tiver certeza de que vai querer seguir em frente até completar os três ciclos. Decida-se a praticar somente uma rodada de três ciclos de 21 dias por vez (os três ciclos referentes a um único capítulo). Talvez você não queira ou não precise passar pelas sete rodadas. Se você cumprir o seu compromisso com uma rodada, terá uma sensação de realização que lhe será benéfica quando o seu entusiasmo diminuir, o que certamente vai acontecer. Se você precisar reler as instruções para o exercício de redação com tempo marcado, faça-o agora. Leia mais uma vez as *Sugestões Gerais para as Sessões de Prática,* que constituem o Prólogo deste livro.

Reconheça o seu Medo de Amar

Durante vinte e um dias consecutivos, faça a cada dia uma sessão de 15 minutos de redação com tempo marcado, começando com a frase: "Tenho medo de amar porque..." Escreva esse começo de frase no seu caderno e vá em frente, seguindo o fluxo da sua consciência.

Reconheça o seu Desejo de Amar

Durante vinte e um dias consecutivos, faça a cada dia uma sessão de 15 minutos de redação com tempo marcado, começando com a frase: "Desejo que o amor se manifeste para mim sob a forma de..." Escreva esse começo de frase no seu caderno e vá em frente, seguindo o fluxo da sua consciência.

Descubra a Intimidade

Durante vinte e um dias consecutivos, passe quinze minutos a cada manhã ou noite contemplando a frase: "Isto também sou Eu." Quaisquer que sejam as imagens, objetos, pensamentos, lembranças ou emoções que lhe vierem à mente no decorrer da sua contemplação, aceite-as e preencha-as de consciência e atenção, considerando-as ao mesmo tempo do ponto de vista da frase "Isto também sou Eu", que fica como que silenciosamente se repetindo no fundo da consciência.

Se você quiser, faça este exercício com um parceiro, alguém em cuja presença você possa se abrir e se deixar vulnerável. Comecem aplicando-se mutuamente um tratamento de Reiki no coração e no abdômen ao mesmo tempo, durante cerca de cinco minutos. Depois, sentem-se confortavelmente um de frente para o outro, de modo que os joelhos quase se toquem. Respirem naturalmente e, durante quinze minutos, olhem-se nos olhos e contemplem a frase "Isto também sou Eu." Quando terminarem, fiquem de pé e se abracem, deixando que seus peitos e seus abdômenes se toquem, de modo que ambos possam sentir a abertura e a vulnerabilidade do outro.

CAPÍTULO 6

Consciência

Deixe que a mente repouse no centro do Coração
e deixe-a ali, naturalmente equilibrada.
O Silêncio se torna uma presença quando a consciência se
mantém lúcida, firme e homogênea em si mesma, qualquer que
seja o seu objeto.

— Guru Padmasambhava

Ter consciência é sentir o que está acontecendo neste momento: viver no presente e não ter dúvidas quanto ao que é real. Quanto mais plena é a nossa capacidade de sensação, maior é a nossa consciência. A consciência implica duas forças que aparentemente excluem uma à outra: o envolvimento e o desapego. O envolvimento se expressa na nossa vontade de sentir tudo o que aparecer, e o desapego, no fato de nos portarmos como meras testemunhas, limitando-nos a perceber o que está acontecendo e, mediante a sensação plena, deixando que a própria sensação por si só se dissolva. Assim, a pessoa consciente está aberta, viva e sempre alerta, mas não acrescenta nem subtrai nada às coisas que se lhe apresentam e que, por fim, se libertam.

Quando estamos conscientes, passamos a ser algo mais do que uma simples extensão da nossa cabeça; deixamos de viver perdidos em pensamentos sobre o nosso mundo e a nossa existência supostamente isolada e passamos a viver e a perceber dentro da Verdade da consciência-testemunha — a Verdade da tela que sabe que não é a imagem que nela se projeta, mas ao mesmo tempo inclui e permite a existência dessa imagem. Quando finalmente despertamos para a plena presença da consciência, conhecemos também a Verdade.

Essa Verdade, como seria de se esperar, não é um conceito estático ou uma idéia (como uma crença no Si Mesmo, ou no Vazio, ou em qualquer outro conceito semelhante — a crença num "Deus Único", por exemplo). Antes, a Verdade é a nossa experiência direta do jogo ilimitado da consciência: o fluxo e o refluxo de miríades de formas que nascem e morrem, vazias na sua natureza íntima mas, paradoxalmente, presentes em aparência.

A Cotidiana Falta de Consciência

Durante a maior parte do tempo, consideramos a consciência como algo que nos é dado e acreditamos que sempre estamos conscientes. Afinal de contas, nós sabemos o que sabemos, não é mesmo? Também vivemos convencidos de que sabemos o que estamos fazendo. Mas será verdade? A verdadeira consciência implica um conhecimento das repercussões de todos os nossos atos. Mas, à luz do estado de coisas vigente no nosso mundo, podemos mesmo nos afirmar possuidores de uma tal consciência? A resposta é "não". Temos de admitir que, se o mundo é um reflexo do estado da nossa consciência, a consciência é o que mais nos falta!

Mesmo na escala muito menor da nossa existência cotidiana, acaso não temos de admitir que vivemos a maior parte do tempo no piloto automático, completamente alheios ao que está realmente acontecendo? Com quanta freqüência nos pegamos devaneando? Não acontece às vezes de pegarmos um caminho errado no trânsito porque estávamos completamente perdidos nos nossos pensamentos? Ou acaso sabemos exatamente o que estamos sentindo neste momento? Nós nos sentimos fisicamente presentes no agora? Sentimos o ar entrando e saindo de nossos pulmões? Temos consciência de que vamos acender mais um cigarro ou tomar mais um drinque ou engolir mais um antidepressivo?

Além disso, temos o mau hábito de constantemente julgar a nós mesmos, aos outros e a todas as circunstâncias externas com que entramos em contato. Acaso sabemos quem são realmente essas pessoas, o que são realmente essas coisas? Sabemos que as coisas que nos acontecem na vida são uma projeção da nossa realidade? Ou simplesmente deixamos que o condicionamento governe todos os nossos pensamentos? Nós emitimos juízos sem ter a menor idéia do que estamos dizendo e de quais podem ser as conseqüências desses juízos para nós mesmos e para os outros.

Biocomputadores Programados

Em 1967, muito antes da atual revolução da informática, o neurocientista John Lilly afirmou o seguinte na sua obra pioneira *The Human Bio-Computer — Theory and Experiments*: "Todos os seres humanos, todas as pessoas que chegam à idade adulta no mundo de hoje, são biocomputadores programados. Ninguém é capaz de fugir à sua própria natureza, que é a de uma entidade programável. Cada um é os programas que leva dentro de si; nada mais, nada menos." Se John Lilly estiver certo, a pergunta que se levanta é: Será que um computador tem autoconsciência? Em outras palavras, será que um computador tem a capacidade de transcender a sua própria programação e apreender por completo uma situação? Afinal de contas, a consciência é isto: a capacidade de compreender intuitivamente não só os elementos separados que compõem um determinado contexto, mas também o próprio contexto como um todo ou, em outras palavras, compreender espontaneamente o "quadro maior" das coisas.

Considerando a incrível complexidade do sistema nervoso central do ser humano, que processa simultaneamente e em paralelo centenas de milhares de programas, isso não é de todo impossível. Em virtude do extraordinário estágio de desenvolvimento evolutivo que alcançamos (e que, infelizmente, permanece em sua maior parte como um potencial adormecido e sub-utilizado), Lilly afirma que "novas áreas de atenção consciente podem ser desenvolvidas, áreas que estão além da compreensão atual do eu (ou ego)". Entretanto, é preciso *cultivar conscientemente* essas áreas de atenção consciente. Se permanecermos fixos no nível do "biocomputador", elas jamais se manifestarão espontaneamente. Como diz Lilly, "com coragem, fortaleza e perseverança, os limites anteriores podem ser transpostos e a pessoa pode penetrar em novos territórios de experiência e consciência subjetiva. Nas explorações mais íntimas, a pessoa se depara com novos conhecimentos, novos problemas, novos enigmas. Algumas dessas áreas parecem transcender as operações do próprio computador mental-cerebral". É exatamente esse o tipo de atenção consciente profunda que almejamos alcançar quando trabalhamos com o Reiki: uma consciência que, partindo do corpo/mente e de suas percepções sensoriais, transcenda a relação de sujeito e objeto estabelecida pelo corpo/mente.

Nesse sentido, a consciência nos leva das coisas grosseiras para as sutis. Ou seja, no começo nós prestamos atenção à respiração e percebemos também que somos conscientemente capazes de assimilar todas as sensações e pensamentos que nos ocorrem, deixando-as aparecer e desaparecer sem julgá-las e sem interferir com elas — limitamo-nos a reconhecer quando uma sensação ou pensamento começa e quando termina, permanecendo ao mesmo tempo inseparáveis da vastidão do não-pensamento, da não-sensação, do não-sentimento, que é a esfera indescritível do Grande Mistério. O Grande Mistério não pode ser compreendido; não pode ser transformado num objeto de conhecimento. Entretanto, pode ser apreciado, sentido, provado. Já "Aquele" que aprecia, que sente, que prova, é um mistério tão grande quanto a própria Vida.

O Reiki, a Energia Universal da Força Vital, pertence ao domínio do Grande Mistério, pois é impossível explicar verbalmente a sua natureza. Só podemos apreendê-la pelos seus efeitos de calma, de suavidade e de cura. Sob esse aspecto, ela é semelhante, por exemplo, à eletricidade, que também não pode ser explicada; só pode ser usada e aplicada de acordo com certas leis.

Quando adquirimos consciência e nos dispomos a sentir diretamente o que está acontecendo agora, passamos a atribuir um real valor àquilo que possuímos de mais precioso: a vida. Passamos a perceber conscientemente a presença da vida. A conseqüência natural disso é que passamos a dar valor também aos três tesouros que são a expressão mais imediata dessa insondável Força Vital: *corpo*, *respiração* e *mente*. Tendemos então a cuidar melhor de nós mesmos; já não colocamos as preocupações exteriores e as exigências e restrições da sociedade acima do compromisso imediato de manter e aumentar a nossa saúde e sanidade pessoais. Como temos consciência de que este corpo humano nos proporciona as ocasiões propícias para despertar para a maravilha de uma Vida que jamais nasceu e jamais morrerá, não deixamos que nada se ponha entre a nossa pessoa e esse despertar — nem mesmo o nosso ego ilusório e imaginário.

Fiéis ao nosso profundo desejo de liberdade, nós buscamos automaticamente o benefício e a felicidade de todos os seres. Com o coração transbordante de amor e consciência, já unido ao imenso tesouro da abertura para o universo, nós contemplamos espontaneamente o valor intrínseco de todos os seres senscientes. Irradiando esse amor que permeia toda a criação, nós contribuímos naturalmente para um saudável equilíbrio de energias no planeta. Em palavras mais simples: Quando contemplamos o surgimento de nossos sentimentos — a raiva, por exemplo — e deixamos que nossa consciência os penetre até o âmago, que é em essência a própria energia da criação, nós nos abrimos à equanimidade e ao amor que estão presentes nesses mesmos sentimentos num nível mais profundo.

Com a compaixão que nasce da prática, percebemos que a nossa consciência é inseparável da realidade universal. Na prática, isso significa que, quando nos resolvemos a sentir os sentimentos ditos "negativos", em vez de reagir a eles (ficar com raiva de si mesmo por estar com raiva, por exemplo), podemos cultivar um espírito de reverência e maravilhamento perante os problemas e delícias da vida. Nasce em nós a vontade de explorar e conhecer a fundo todas as circunstâncias da vida e os personagens que dela fazem parte; e, acima de tudo, de conhecer o principal: o papel que nós mesmos representamos. Com um pouquinho de disciplina, essa prática revela que a vida é um desdobramento contínuo, composto de elementos totalmente interligados, no qual não há nada nem ninguém que se possa considerar culpado por alguma coisa, nem que possa orgulhar-se de alguma coisa. Além disso, a vida manifesta-se espontaneamente como uma atitude ética naturalmente equilibrada, baseada na liberdade e no respeito.

Dentro da esfera de influência da consciência desperta, podemos despojar-nos da camisa-de-força das injunções religiosas, sociais ou governamentais, que se tornam desnecessárias. Na verdade, elas nunca são muito benéficas, pois seus chamados "valores morais" derivam unicamente da agressiva separação entre a pessoa humana e sua própria bondade natural, e, por isso, sempre têm o efeito de abafar, embotar e distorcer a nossa consciência inata. Tudo o que promove a separação promove também o sofrimento que vem da dualidade, a mentalidade do tipo "nós contra eles" ou "eu contra o mundo" — a doença das doenças, a raiz do nosso sofrimento e do sofrimento de todos os seres.

Uma Concentração Suave

A consciência nunca é dispersa nem insegura; é sempre aguda e atenta. Ela se desenvolve melhor quando cultivamos uma concentração suave, que não isola as coisas nem as objetiviza, mas deixa que elas se imbuam de uma qualidade luminosa toda própria, semelhante à nossa. Quando penetramos nessa luminosidade suave da consciência, tornamo-nos suficientemente receptivos para perceber que o rio profundo da cura natural e da integridade saudável corre através do nosso ser em todos os momentos da nossa vida.

Nesse sentido, a consciência é um aspecto intrínseco do Reiki. É um pré-requisito para a aplicação do Reiki, como também é o fruto natural dessa aplicação, tanto para quem aplica quanto para quem recebe. A prática contínua leva naturalmente à verdadeira maestria, ou seja, a consciência gera mais consciência — o que nos leva a um nível de abertura ainda maior. Embora essa abertura expansiva e essa alegria possam ser sentidas por qualquer pessoa a qualquer momento, o fato é que as pessoas normalmente precisam praticar durante anos e anos para ter acesso a essas coisas. Dependendo da intensidade do condicionamento da pessoa e do seu grau de apego a esse condicionamento, o potencial ilimitado do Reiki demora mais ou menos tempo para se manifestar. Na verdade, o objetivo do Reiki é essa jornada. Ela leva tempo e exige do praticante a disposição de acolher todos os seus sentimentos, sem suprimir nenhum deles, sem rotulá-los e sem transformá-los em conceitos. Isso só nos faria cair de volta na identificação e no sofrimento.

A Liberdade em Relação à Identificação

É importante perceber que, em última análise, até mesmo a *identificação* com conceitos "bons" ou úteis, conceitos que nos apoiaram na caminhada, deve ser deixada para trás. Isso porque a identificação com qualquer conceito é causa de sofrimento. Encontramos um bom exemplo desse paradoxo na idéia muitas vezes apresentada por Ramana Maharshi e também pelo meu mestre Sri Papaji: a de que todas as coisas são predeterminadas. A compreensão de que tudo é predeterminado ajuda o ego a desapegar-se da sua perpétua identificação com a autoria das ações e da sua tendência maníaca de sempre estar ocupado. Podemos então deixar de lado o orgulho, o sentimento de culpa e até mesmo as culpas que realmente temos para perceber que a vida está simplesmente acontecendo: esse conceito nos ajuda também a perceber que já somos livres e que nem mesmo o karma existe, que não existe ação nem agente.

Por outro lado, a excessiva identificação com a idéia de predeterminação também nega a realidade prática da experiência cotidiana do karma do corpo/mente, na qual vemos que as ações inconscientes do passado ou os obscurecimentos herdados de vidas passadas atraem para a nossa vida diversas circunstâncias. A mesma identificação excessiva pode criar em nós uma atitude de preguiça, que nos leva a não participar plenamente da vida. Gera-se também a tendência de fugir das responsabilidades, de não se querer tomar as aparentes "decisões" que são necessárias na existência cotidiana — e de se deixar de lado os compromissos espirituais assumidos. Por isso, Papaji às vezes afirmava a idéia oposta, gritando como um touro raivoso: "Nada está predeterminado!" Nesses momentos, sua veemência funcionava como o bastão de um mestre zen, que, abatendo-se sobre uma pessoa ou um grupo de pessoas, arranca-os à força da autocomplacência.

O exemplo acima mostra que a vida é um paradoxo, um caminhar sobre uma corda bamba. A cabeça ou intelecto mental é incapaz de captar essas nuanças sutis; por sua vez, a inteligência superior do Coração é capaz disso, pois o Coração é a verdadeira sede da consciência. Quando nos concentramos no coração, praticando a reverência e o maravilhamento com a abertura de uma criança, readquirimos a percepção direta daquilo que Existe. Quanto mais longe levamos esse processo, tanto mais ele nos conduz a níveis cada vez mais profundos de cura pessoal e planetária.

No nível mais profundo, a consciência se transforma na percepção ilimitada da Energia Universal da Força Vital, percebendo a si mesma como uma presença pura e salvífica.

A Autodeterminação Responsável

Segundo a descrição que o próprio Dr. Usui faz dos efeitos do Reiki, a consciência é essencial, não só para a prática do Reiki como também para a percepção do seu resultado "O Reiki, de fato, cura indiretamente, através da quietação da mente e da elevação da energia da força vital. É preciso consciência para perceber ambas essas coisas.

Em geral, a motivação natural para praticar ou aprender a aplicar qualquer tipo de cura, como o Reiki, é a de eliminar um desequilíbrio físico ou emocional e/ou de conservar a boa saúde. Essa motivação por si mesma já é indício de uma mudança fundamental: a pessoa larga a inconsciência, pára de colocar em fatores externos a culpa do estado em que se encontra e toma posse da própria vida; de vítima, passa a ser a determinadora das próprias condições.

Quando começamos a praticar o Reiki, o conhecimento de que nós somos de algum modo responsáveis pelo nosso próprio bem-estar ainda é um tanto vago e impreciso. Não obstante, temos consciência dele e nos sentimos chamados a agir. Essa atitude por si mesma constitui um passo gigantesco rumo a uma consciência maior, um passo crucial para quem quer assumir a responsabilidade direta pelo próprio bem-estar. A consciência, encarada como um fator da motivação correta, é inclusive um pré-requisito para o Reiki. Se não tivéssemos consciência alguma da responsabilidade que temos pela nossa própria saúde e felicidade, nem sequer consideraríamos a hipótese de aprender o Reiki, quer para curar, quer para simplesmente acalmar uma mente hiperativa.

A consciência é necessária para quem quer perceber os efeitos cumulativos desse sistema de cura que, em sua simplicidade, alivia o*stress*, transforma os hábitos reativos inconscientes e nos dá apoio na nossa busca de equilíbrio no corpo e na mente. A consciência que o Reiki gera à medida que vamos praticando aumenta a nossa capacidade de participar com alegria desse jogo da vida, que vamos percebendo como algo que não é dotado de substância própria.

A Consciência e o Alívio do Stress

Vivemos numa época em que as contradições, os conflitos e o caos aumentam dia a dia. As forças insaciáveis da cobiça, da turbulência e da desintegração abatem-se irrefreadas sobre nós. Se você observar as notícias cotidianas, orquestradas pelos meios de comunicação com vistas à obtenção de um determinado efeito, poderá chegar às suas próprias conclusões. Porém, basta examinar a sua própria história para constatar por si mesmo o quanto a vida se tornou mais incômoda, mais movimentada e mais cheia de regras nos últimos vinte ou vinte e cinco anos. Por isso, acumulam-se o *stress* e a tensão, que inundam o ambiente e aos poucos são assimilados e armazenados pelo corpo e pela mente.

A prática regular do Reiki, que facilita a obtenção de uma consciência cada vez mais profunda, pode funcionar como uma espécie de válvula de segurança, tirando dos nossos ombros um fardo excessivo e insustentável. Ele nos habilita a gozar plenamente de cada momento, de modo a nos sentirmos mais satisfeitos e realizados. Através do relaxamento básico por ele produzido, ajuda-nos a lidar com as situações em vez de lutar com elas; ou senão, de pouco em pouco, dá-nos a convicção de que precisamos para abandonar circunstâncias verdadeiramente insuportáveis.

No Reiki, os aspectos físicos e psicológicos da administração do *stress* se combinam a ponto de fundir-se completamente. Assim, o Reiki cura ao mesmo tempo o corpo e a mente, fundindo as energias de ambos para nos fazer passar mais tranqüilamente pelos caminhos difíceis da nossa existência cotidiana. Como nos habilita a sentir todas as sensações do corpo e da mente, até chegarmos a transcender as limitações que essas mesmas sensações nos impõem, o Reiki promove um relaxamento mais essencial e mais duradouro do que o que nos é proporcionado pelos exercícios físicos comuns.

A Luz da Consciência

O exercício apresentado a seguir vai ajudar você a ter mais consciência. Se seguir cuidadosamente as instruções, você conhecerá um pouco mais de perto o processo de intensificação da consciência mediante o aprofundamento do relaxamento produzido pelo Método Usui de Cura Natural. Trata-se de um exercício que poderá nos dar força para caminhar com mais afinco na direção desejada, na medida em que nos dá uma amostra do que será obtido no fim do caminho. É mais fácil apreciar a consciência quando desenvolvemos a abertura e a lucidez da nossa percepção. Para tanto, podemos explorar ludicamente o processo simples apresentado a seguir. Ele se assemelha a um dedo que aponta para o conhecimento direto que chegará por fim a transformar a nossa vida. Sugiro que você leia as instruções devagar, passando-as para uma fita cassete, e deixe um tempo adequado de silêncio entre os parágrafos.

> Sente-se numa posição confortável, numa cadeira, numa almofada ou no chão. Deixe a coluna reta mas relaxada. A boca está levemente aberta e o queixo, relaxado... Respire devagar e sem sobressaltos, simultaneamente pela boca e pelo nariz...
>
> Feche os olhos. Você está completamente rodeado(a) de escuridão, uma escuridão que o(a) envolve por inteiro. Esta é a escuridão que existia antes da criação do mundo. A luz ainda não surgiu, nem surgiram objetos isolados a serem iluminados. Repare que todas as coisas estão veladas pela escuridão que antecede todo princípio...
>
> Agora, imagine no meio dessa escuridão uma luz — uma luz mais suave e mais branda do que a luz comum. É uma luz que não cega o seu olhar, mas o ilumina. Essa luz é como o espaço: totalmente aberta, abarca todas as coisas e aquece o coração. Não se assemelha a nenhum outro objeto. Parece antes uma qualidade que impregna todos os objetos e que, inclusive, ressoa com o que você é e com o que está sentindo neste exato momento.
>
> Evite transformar essa luz numa percepção ordinária ou num objeto como os outros. Identifique em você quaisquer tendências a postular para si mesmo o objetivo de "obtê-la" ou de "alcançá-la". Deixe-a ser o que é. Sinta-a e perceba que você é absolutamente incapaz de defini-la...
>
> Banhe-se nessa luz, demore-se dentro dela. Sinta-se como que nadando nela. Permaneça nesse espaço de luz insondável que é o fundamento de toda alegria que não começa nem termina. Permaneça

aberto(a) e consciente. Deixe de lado a vontade de transformar essa luz num acontecimento. Identifique em si a possível tendência de classificá-la como um prazer semelhante aos outros, um objeto mental corriqueiro. Não faça isso; deixe que a luz o(a) inspire, chame-o (a) à liberdade. Deixe que a sua consciência se expanda dentro dessa luz até perceber que a própria luz está se expandindo dentro da sua consciência, que a consciência e a luz são uma única e mesma coisa...

Agora, devagar, bem devagar, abra os olhos. A luz continua presente e passa a abarcar ainda mais todas as coisas. Ela abarca todos os objetos que você percebe, tanto no exterior quanto no interior. É ela que sustenta todas as coisas, que impregna todas as coisas, que *é* todas as coisas.

Permaneça aberto(a) e consciente, de modo a não cair de volta na modalidade normal de consciência: "você" que percebe "objetos". Não; seus olhos estão relaxados e você vê todas as coisas, inclusive você mesmo, como seres que nascem dessa luz a cada instante. Deixe-se demorar nessa consciência primordial, que não nega nada, mas que dissolve todo apego na presença da sua luz.

Você pode usar esse exercício como uma meditação orientada ou simplesmente como fonte de inspiração para levá-lo a perceber e a sentir as coisas plenamente, sem se identificar com elas, sem reforçar a separação e a noção de sujeito e objeto. A experiência da natureza não-dual da realidade é essencial para que você se abra ao poder tranqüilizador da consciência. Além disso, como as palavras "consciência" e "energia" se referem a facetas diversas de um único e idêntico fundamento do Ser, esse modo particular de percepção também é essencial para a nossa capacidade de apreciar a Energia Universal da Força Vital como base da nossa existência, da existência de todos os seres e de toda autocura espontânea.

Quando Conscientes, nós nos Sentimos Vivos

A realidade de que estou falando é na verdade muito simples. Pode ser verificada através de experiências que todos nós já tivemos. Todos já tiveram na vida um ou outro momento em que se sentiram especialmente vivos, em que todas as coisas pareciam ser particularmente vívidas e auspiciosas, como numa manhã de primavera em que todas as árvores e arbustos exibem o verde novo e vibrante de suas folhas recém-nascidas. Todos já tiveram, num determinado instante, a repentina sensação de uma força vital inexaurível e irreprimível. Todas as coisas parecem colocar-se perfeitamente em seus lugares, e nos vem a sensação de uma harmonia oculta mas absoluta. Nosso corpo se torna vibrante e vivo, cheio de energia; nossa mente fica totalmente calma e lúcida, receptiva como a superfície lisa de um lago de montanha num dia sem vento. Todas as coisas que percebemos parecem impregnadas de luz e agradam aos nossos sentidos.

Todos os aspectos desse determinado modo de experiência se combinam perfeitamente — a tal ponto que a comum linha divisória entre o interior e o exterior se dissolve e nós paramos de definir onde termina a experiência (o objeto) e onde começa o nosso eu (o sujeito). Muito pelo contrário, todas as coisas assumem uma qualidade extremamente agradável e fluida, espaçosa, ampla. Depois de uma longa luta, finalmente nos sentimos em paz e agimos com perfeição espontânea.

A natureza desse modo de experiência é a equanimidade perfeita, que nos alimenta e nos retempera num grau muito mais profundo do que o entusiasmo superficial que normalmente chamamos de "felicidade". Por meio deste exemplo, o próprio Dr. Usui deduziu que o Reiki, que ele aliás chamou de "mãos de suavidade", é a arte de chegar indiretamente a essa equanimidade. O segredo está no relaxamento que nos franqueia o acesso a todo um novo modo de estar no mundo. Sob a influência desse relaxamento, o corpo, a mente, os sentidos, o sentimento e o ambiente são percebidos intimamente como um *continuum* indissolúvel que realmente são. É como se cada uma das células do nosso corpo pudesse cumprir de novo a sua função própria e natural. Não mais sujeitos à densidade do nosso modo ordinário de percepção, baseado no dualismo de sujeito e objeto, e aos juízos mentais que temos o costume de emitir e que se tornam para nós um fardo pesadíssimo, que carregamos sem perceber, podemos conhecer finalmente a verdadeira leveza do Ser: podemos simplesmente *ser*.

A Consciência Alimenta e Faz Crescer

Através da consciência evocada pelo Reiki, cada sessão de tratamento se torna uma ocasião que nos permite gozar tanto dos nossos sentimentos interiores quanto de uma relação equilibrada com aquilo que normalmente percebemos e rotulamos como o "mundo exterior". A única coisa que precisamos fazer (embora neste caso a palavra "fazer" seja inadequada, pois nós não nos dedicamos ativamente a nada, exceto a permanecer atentos e conscientes) é sentir plenamente e de todo o coração tudo o que acontece. Desse modo, nós literalmente nutrimos e preenchemos o nosso corpo com a Energia Universal da Força Vital. Prestando atenção a cada sensação, nós desaceleramos o ritmo da mente e a curamos da tendência de ficar presa aos objetos a que ela compulsivamente se apega. Muito pelo contrário, temos então a oportunidade de nos entregar ao ritmo fluido dos sentimentos, que está ligado intimamente ao ritmo fluido do cosmos inteiro. Diz-se que uma borboleta que abre as asas na Tailândia afeta a floresta tropical amazônica. Em outras palavras, os sentimentos que experimentamos na nossa vida individual e aparentemente isolada têm um efeito profundo sobre o mundo e até mesmo sobre o universo inteiro. Quanto mais saudáveis e íntegras forem as formas de pensamento que flutuam pelas ondas do ar, tanto mais saudável e íntegro se tornará o planeta inteiro.

Pouco a pouco, entramos num campo de energias entremeadas, que se permeiam mutuamente numa teia insondável e intangível mas completamente aberta, que alcança o interior profundo do nosso corpo e se estende para muito além do limite deste. É preciso uma forma superior de consciência para perceber o quanto nós não somos um sistema fechado, o quanto não temos substância própria. Intelectualmente, é fácil explicar essa realidade através das descobertas e hipóteses da física moderna. Intelectualmente, sabemos que, no nível subatômico, o corpo e todas as coisas são compostos principalmente de espaço vazio. Mas será a nossa consciência capaz de perceber isso? Seremos capazes de perceber diretamente as verdades da física quântica? É esse o desafio. O mero conhecimento é insuficiente.

Aliás, essas energias entremeadas não são produzidas ou geradas pelas iniciações do Reiki, mas apenas ativadas. Elas fazem parte da nossa natureza original e constituem uma realidade que todo ser humano tem o direito natural de conhecer. Não são um mero produto das iniciações. Estas funcionam somente como um botão de sintonia que torna o corpo e a mente mais sensíveis ao fluxo dessas energias.

A Experiência Comum se Aprofunda

Pelo cultivo da sensibilidade, nossas sensações cotidianas adquirem uma dimensão inesperadamente profunda. Elas passam a nutrir diretamente o nosso corpo através dos sentimentos que evocam. Junto com essas sensações profundas, nossa mente também se torna muito mais translúcida: ela se abre à contemplação de novas paisagens e novas experiências em vez de sucumbir à tendência de criar e justificar suas próprias limitações. Em muitas ocasiões, passamos a ter a experiência direta do equilíbrio perfeito entre o mundo interior e o exterior — uma sucessão de pequenos despertares que ao fim e ao cabo se fundem num único despertar natural, que ao mesmo tempo é muito comum e muito especial.

É comum porque, na maior parte das vezes, se desenvolve sem ser marcado por acontecimentos dramáticos, como luzes pipocando nos chakras e sinos e assovios de "iluminação" em som estéreo. Por outro lado, é também muito especial, pois todas as coisas passam a evocar o sentimento palpável de amor e reverência. Nessa abertura, todas as coisas se tornam ilimitadas e intimamente entrerrelacionadas, como são na realidade.

Essa sensação de amar e ser amado leva embora o aguilhão da separação, que de hábito nos força a andar perpetuamente em círculos, derrotando-nos a nós mesmos, buscando a felicidade onde ela jamais poderá ser encontrada. Quando finalmente ficamos livres do incômodo provocado pela onipresente sensação de separação ou de alienação, tornamo-nos naturalmente capazes de nos relacionar com a nossa própria pessoa de modo mais amigável. Passamos a agir de modo menos compulsivo, mais adequado e mais flexível. Mesmo quando temos de tomar a nosso cargo uma situação, fazemo-lo com uma espécie de confiança infantil, com entusiasmo, sem nos apegarmos desesperadamente à idéia de conseguir um resultado predeterminado. Com essa atitude de desapego, podemos nos tornar uma força positiva para as pessoas que nos rodeiam e até para o mundo inteiro. Sabemos com plena certeza que a estabilidade que percebemos, permanecendo totalmente abertos às energias que passam através de nós, não pode senão colaborar com a criação de um ambiente mais benéfico e propício.

Os Três Estágios da Consciência em Desenvolvimento

À medida que a nossa consciência se expande, a nossa realidade se expande proporcionalmente. Esse processo começa com a capacidade de perceber o que está acontecendo dentro de nós e ao nosso redor a cada momento; alcança então níveis cada vez mais sutis, em que a linha divisória entre sujeito e objeto (a separação entre a nossa pessoa e as coisas que percebemos) começa a se dissolver; e chega por fim a uma não-separação absoluta, em que só a pura consciência permanece. No Reiki, como também em práticas e veículos semelhantes que nos ajudam a perceber diretamente que todos os seres manifestados são pura energia, existem três estágios básicos de relação com essa experiência, estágios esses que correspondem a um crescente refinamento da consciência:

> No primeiro estágio, a relação entre sujeito e objeto permanece inalterada e os sentimentos que se evocam parecem ter limites claramente definidos: nós sabemos que iniciamos um tratamento ou autotratamento pela nossa própria intenção, e sabemos também que o objetivo desse esforço é o nosso bem-estar ou o bem-estar do paciente. Assim, percebemos tudo da maneira comum: nós estamos aqui; o paciente está à nossa frente; nós sentimos certas coisas através das mãos; percebemos os sentimentos ou emoções que o tratamento evoca no paciente. Às vezes, temos uma sensação de calor, às vezes de formigamento, às vezes, surge um sentimento frio, "impermeável" ou bloqueado; às vezes, sentimos tranqüilidade; às vezes, desconforto, irritação ou inquietude. Às vezes, o que sentimos é uma alegria, um sentimento de liberdade há muito esperado; às vezes, o que surge é uma tristeza, ou o impulso inconsciente de reprimir um sentimento que está a ponto de vir à tona. (O que normalmente chamamos de "depressão" não é um sentimento específico, mas um indício de que temos inconscientemente reprimi-

do certos sentimentos, dos quais temos medo porque pensamos que vão nos assoberbar.)

Todas essas sensações ou sentimentos são superficiais, mesmo quando os sentimos "profundamente". Nós os reconhecemos em áreas determinadas do corpo; e, durante o tratamento ou o autotratamento, permanecemos conscientes de "nós mesmos" como entidades separadas da experiência desses sentimentos ou sensações. É aí que começa a caminhada rumo a uma consciência maior. Nós somos o sujeito, e as sensações e sentimentos em nós mesmos e nos outros são o objeto. Entretanto, se prestarmos muita atenção a essas sensações e sentimentos, sentindo-os plenamente, nossa capacidade de senti-los começará por fim a transcender os limites que separam sujeito e objeto, a linha divisória entre nós e o que sentimos, conduzindo a um nível mais abrangente de percepção da energia.

Quando, por fim, esses sentimentos ou sensações superficiais começam a se abrir, revelam o segundo estágio de consciência, que é um pouco mais difícil de definir, pois nele a dualidade aos poucos se esvai e é substituída por um modo diferente de percepção da realidade. Em lugar dos sentimentos distintos e claramente definidos, o que temos agora são tonalidades gerais de sentimento caracterizadas por um determinado sabor ou qualidade, como uma qualidade de contenção, ou uma qualidade fluida, ou uma pulsação que não parece provir de nenhum lugar. E essa tonalidade de sentimento não parece estar limitada a uma certa localização no corpo. Assim, podemos dizer que o segundo estágio de sensação ou de consciência percebe mais as energias em si mesmas do que as emoções ou sensações (percebidas no primeiro estágio) provocadas pelas energias. Entretanto, mesmo no segundo estágio, permanece ainda a experiência residual de um sujeito e um objeto; a única diferença é que agora sujeito e objeto parecem ser muito menos sólidos e fixos. O relaxamento continua a aprofundar-se, dissolvendo os padrões de fixidez menos claramente definidos.

Esses padrões subjacentes são grandes obstáculos à plena consciência. Como em geral permanecem totalmente inconscientes, alimentam a nossa tendência de ver-nos como separados das nossas experiências e mantêm-nos presos ao nível daquilo que John Lilly chamou de biocomputador. Em outras palavras, amarram-nos seguramente à estrutura dos nossos comportamentos pré-programados, de modo que nós nunca tomamos consciência do programa em si e nunca chegamos a realizar a verdadeira unidade.

No terceiro estágio, a reação entre sujeito e objeto é transcendida e o domínio da pura energia se revela em todo o seu silencioso esplendor. Já não há sentimento algum a ser identificado e ninguém para identificá-lo; resta somente a presença de uma fusão total, que penetra todas as coisas. Essa qualidade de fusão não é percebida num "lugar" qualquer fora de nós, mas antes é o próprio Espaço, o Espaço que constitui o nosso Ser Fundamental. O nosso pequeno "eu" não faz a menor idéia de como isso acontece, mas isso ACONTECE de fato: a Energia Universal da Força Vital percebe a si mesma sem o intermédio de um sujeito de percepção. É nesse estágio que acontece a cura mais profunda.

Os Três Estágios de Consciência e sua Relação com a Prática do Reiki

Esses três estágios têm relação com o aprofundamento da experiência do praticante de Reiki à medida que trabalha com a energia da força vital. Não dizem respeito somente ao Reiki, mas se aplicam igualmente a outros tipos de trabalho energético, como o Tantra, o Chi Kung, o Tai Chi, etc. (muito embora a "linguagem" em que esses estágios são descritos seja diferente em cada um desses sistemas, que têm cada qual seus antecedentes históricos e culturais específicos). As descrições nos ajudam a compreender o processo que leva da experiência limitada pelas noções de sujeito e objeto à natureza não-dual da percepção interiorizada da energia. Esta se compara a uma percepção da consciência por si mesma, ou à proverbial tela que não é maculada por nenhuma das imagens que são projetadas sobre ela.

Além disso, esses três estágios da consciência não são amarrados aos três graus de iniciação do Reiki. Nesse sentido, não é necessário ter sido iniciado no Reiki de Terceiro Grau para poder testemunhar o terceiro estágio da energia, a qual por si mesma percebe espontaneamente os seus próprios movimentos. A verdade indubitável é que podemos nos abrir ao nível mais profundo de "testemunho" da Energia Universal da Força Vital com uma mera iniciação de Primeiro Grau. A questão não é o quanto estamos "adiantados" nos graus de iniciação, mas sim o quanto estamos dispostos a mergulhar nas profundezas insondáveis dos sentimentos e sensações no contexto da nossa própria prática; e o quanto a nossa prática em si mesma é coerente. Em outras palavras, o desafio não está em receber ensinamentos "superiores", mas antes em traduzir a prática que recebemos num modo de vida direto e autêntico; um modo de vida cada vez mais amplo, que a cada passo vá além dos seus aparentes limites anteriores.

Precisamos deixar bem claro, além disso, que não devemos "nos esforçar" para obter ou alcançar um estágio mais profundo de consciência ou a percepção de um determinado fenômeno. Não podemos forçar essas coisas a acontecer. Basta-nos o comprometimento com a prática; a inteligência essencial da própria energia cuidará do resto. Por isso, é suficiente que você se atenha à forma mais simples da prática do Reiki, acrescentando-lhe tão-somente a intenção de sentir plenamente o que estiver acontecendo a cada momento. Essa disposição de abrir-se aos sentimentos e sensações é um sinal seguro de que você está caminhando na direção correta. Naturalmente, inevitavelmente, ela o conduzirá à onipresença da consciência, que penetra e impregna todas as coisas.

A Busca de um Mestre Espiritual

No passado, as camadas mais profundas da consciência e as experiências fenomenais que as acompanhavam eram reveladas mediante as orientações e a transmissão de graça de um verdadeiro Sat-Guru, Lama ou Sensei. Eu mesma tive a graça de encontrar um desses mestres e permanecer ao lado dele por vários anos, mas nem todos os praticantes sinceros do Reiki terão essa mesma oportunidade. Os Sat-Gurus (verdadeiros mestres) são escassos e, no mundo de hoje, há muitos mestres que usam seus poderes limitados para criar nos discípulos um vínculo de falsa dependência.

Por isso, nesta era dos falsos gurus, às vezes nem é conveniente sair em busca de um guru; mas trate de ficar muito satisfeito se você encontrar um. Já que a humanidade como um todo está pronta para dar um salto quântico de consciência, pode ser que a própria vida e as circunstâncias atuais sejam o mais eficaz chamado para o despertar.

Apesar da cobiça, da exploração, do conflito e do caos que vemos ao nosso redor, e que podem nos oprimir, há também uma incrível força de luz envolvendo todo o planeta, força essa que está obrigando essas más qualidades a virem à tona. Os mesmos enganos e fraudes têm sido perpetrados desde há milhares de anos, mas nem sempre eram percebidos, pois ainda havia alguns bolsões de relativa paz. A força de luz onipresente cuja presença pressentimos vem acompanhada de sua polaridade oposta, uma resistência e um medo muito fortes, que são desencadeados na mesma medida em que as muralhas de defensas do ego são ameaçadas.

O medo de abrir mão de certas relações de dominação desencadeou uma intensa luta pelo poder, luta essa que não tem verdadeira substância. Essa luta, porém, está criando um tamanho caos que, agora, é essencial, para a sobrevivência da nossa e de outras espécies, que um número suficiente de pessoas desperte plenamente para o caráter sagrado de uma vida livre da separação, livre do círculo de desejo e aversão que acompanha a separação e livre do sofrimento que sempre acompanha o desejo e a aversão. Se não acordarmos, essa idéia de separação poderá chegar efetivamente a matar a nós todos, eliminando também boa parte das formas de vida que habitam este planeta. Se não abrirmos os olhos para a luz, uma luz que aliás já está bem à nossa frente, pode ser que a conflagração final se torne inevitável. Eu não estou tomada por um frenesi apocalíptico ou milenarista; estou simplesmente fazendo uma avaliação objetiva de um estado de coisas que todos podem perceber, desde que estejam dispostos a abrir os olhos.

Pessoalmente, acho que está havendo uma grande mudança: estruturas de dominação antigas e inadequadas desmoronam e seres soberanos se reúnem para reafirmar seus direitos naturais e inalienáveis. Esses seres estão motivados a cooperar a fim de criar um novo modo de vida baseado na autodeterminação local, mas sempre igualmente voltado para o efeito positivo dos acontecimentos locais sobre o panorama global.

O Reiki e a Capacidade de Sentir Plenamente Todas as Coisas

O Reiki, enquanto trabalho energético, é um processo contínuo. Depois que tomamos contato com os três estágios da consciência, quer sucessivamente, quer espontaneamente (caso eles ocorram numa ordem aleatória), a nossa atitude em relação à vida muda, pois passamos a perceber que todos os acontecimentos, quaisquer que sejam, provêm da mesma origem. Sabemos então, por uma experiência direta, que é a mesma energia que opera em todas as sensações, pensamentos, emoções e sentimentos.

O segredo do "sucesso" no Reiki e em outros tipos de trabalho com energia está em sentir plenamente tudo o que acontecer e depois expandir conscientemente cada um dos fenômenos até que ele desapareça. Começamos com as sensações mais comuns e mais claras, como são os pensamentos, as emoções ou os sentimentos. Começamos por reconhecer a presença deles. Aceitamos a possibilidade de senti-los de modo pleno e completo, imaginando-os como campos distintos de energia (pois é isso que realmente são): imaginamos, então, que expandimos esses campos ao máximo, até que eles simplesmente se dissipem.

Quando a raiva nasce em mim, por exemplo, eu simplesmente me concentro intensamente nela com uma sensação de maravilhamento, sem tentar expulsá-la de mim, sem ficar com mais raiva ainda de mim mesma por estar com raiva. Ciente de que a idéia de raiva e a emoção evocada por essa idéia são campos de energia, como todas as coisas que existem no universo, começo a imaginar que esses campos estão se expandindo. Quando faço esse exercício, encaro-o com espírito de aventura: exploro detalhadamente o campo da raiva e observo-o a expandir-se até que, de repente, o processo de expansão se dissipa e a minha mente se aquieta.

Quando todas as emoções são continuamente sentidas a cada momento e tornam-se objetos da nossa plena atenção, como no exemplo dado acima, nós nos libertamos dos grilhões da falsa identificação. Com o tempo, depois de um número suficiente de dissoluções dessas formas do pensamento, cria-se em nós a sensação clara da presença de uma energia perfeitamente lúcida. Às vezes, sentimos um lampejo de calor ou de frio (reações exotérmicas ou endotérmicas) quando os cristais de pensamento literalmente se dissolvem, deixando somente um mínimo resíduo da relação entre sujeito e objeto. Podemos até expandir essa presença energética — com o seu parco resíduo de dualidade — até deixar que aconteça a experiência direta da energia pura e indivisível.

Essa experiência, porém, não é o fim da linha, pois sempre haverá novos pensamentos, emoções, sensações ou sentimentos com que lidar. Teremos de dedicar a eles a mesma atenção e a mesma consciência; teremos de senti-los plenamente e deixá-los expandir-se, e assim por diante. A certa altura, a consciência começa por si só a fluir numa corrente contínua e ininterrupta, transformando todos os fenômenos em sensações mais profundas de uma presença que, como o espaço infinito, abrange todas as coisas.

As Experiências Sensoriais não São Necessariamente Causas de Distração

Quando percebemos enfim que a Força Vital nunca se coagula em objetos ou entidades separadas (que não são permanentes), mas que flui constantemente através de todas as coisas, engendrando uma consciência cada vez maior, chegamos também à compreensão de que os sentidos, bem como os objetos a que eles reagem, sempre segundo os filtros do nosso condicionamento, não são outra coisa senão uma projeção da mente e não têm realidade "real". Em outras palavras, com o aumento da consciência, nós finalmente nos tornamos capazes de transcender as noções preconcebidas que normalmente projetamos sobre os nossos sentidos e sobre os objetos exteriores, noções essas que dependem do nosso condicionamento e dos nossos conceitos.

Não temos de rejeitar as experiências sensoriais como fazem os monges e monjas celibatários, caindo assim na armadilha da autonegação; não precisamos rejeitá-las porque, quando prestamos atenção nelas com consciência, todas elas se revelam tão ilimitadas quanto o próprio espaço. Elas não bloqueiam o fluxo da nossa força vital, mas o canalizam ativamente. Em outras palavras, não há nada de errado com os cinco sentidos. O que os torna "errados" e faz deles uma causa de sofrimento são os limites conceituais que lhes impomos através da nossa própria falta de consciência. Quando se abrem conscientemente, os sentidos podem contribuir para a verdadeira longevidade: a capacidade de renovar-se constantemente.

Consciência e Longevidade

A longevidade pode ser compreendida no sentido simbólico e no sentido literal. Simbolicamente, ela significa que, embora na aparência estejamos sujeitos à velhice e à morte, na realidade, pela experiência direta, nós somos inseparáveis d'Aquilo que não nasceu e jamais morrerá: a própria consciência, a consciência-testemunha — a tela em que são projetadas todas as imagens. Quando adquirimos o conhecimento experimental direto de que nós somos a tela e não as imagens, a Vida se torna infinita.

A longevidade pode ser entendida também num sentido literal, como no exemplo de sábios taoístas como Li Ching-Yuen, que nasceu em 1678 e morreu em 1928, lúcido e em paz, com todas as suas capacidades físicas e mentais intactas — portanto, viveu 225 anos (esta é a idade que consta na escritura, não foram 250 anos). Não há a menor dúvida quanto a duração da sua vida. Os fatos de sua história, quando cuidadosamente investigados, revelam-se verídicos e bem documentados. Houve muitos outros como ele: Yeshe Tshogyal, consorte e principal discípula de Padmasambhava, o fundador do Budismo tibetano, também viveu 250 anos, ao passo que o tantrista e alquimista Nagarjuna, famoso filósofo da não-dualidade, ganhou desses dois por vários séculos, tendo alcançado exatos 600 anos de idade. Isso para não falar do esquivo mahavatar Babaji, que nasceu no ano 203 d.C. e supostamente ainda mora numa região remota do Himalaia!

A mente crítica tende a relegar esses relatos ao domínio das fábulas, muito embora sejam excelentemente documentados e comprovadamente verdadeiros. As reservas da mente hesitante, aliás, são bastante engraçadas. Na realidade, é a identificação com o ego e a mente que faz com que o corpo envelheça prematuramente. Seus pensamentos rígidos, excessivamente regrados e controlados, roubam da nossa carne um precioso suprimento de energia e de hormônios. A fortíssima noção de separação concebida pelo ego e a cisão entre "corpo" e "mente" são uma receita segura para o processo de doença, envelhecimento e morte. Nossos pensamentos críticos, portanto, são nocivos para a nossa vida e nossa saúde.

Os Princípios do Reiki como Chaves da Consciência

Os cinco princípios do Reiki foram propostos inicialmente pelo imperador Meiji, do Japão, como diretrizes espirituais para todo o povo japonês. Depois foram adotados pelo Dr. Usui para servir de marcos no caminho da consciência para seus discípulos de Reiki. Num nível mais simples e cotidiano, eles nos ajudam a dar mais atenção aos detalhes da vida. Na qualidade de praticantes do Reiki, convém que sigamos suas prosaicas sugestões. Os princípios do Reiki não consistem em coisas que devemos ou não devemos fazer. Na verdade, nas minhas palavras e pensamentos, eu sempre evito usar o verbo "dever", que só serve para criar resistência. Muito pelo contrário, os princípios do Reiki se assemelham a um positivo chamado à ação, que pode ser posto em prática segundo o nosso discernimento e em vista da nossa própria paz interior e felicidade cotidiana.

1) Só por hoje, vou viver com uma atitude de gratidão.

Nós nos sentimos muito melhor, muito mais à vontade na nossa mente quando reconhecemos tudo o que temos de bom, quando somos gratos pelo grande dom da vida, que nos é dado para nosso crescimento e satisfação. A atitude de gratidão é ao mesmo tempo uma expressão e um forte apoio dos sentimentos de otimismo e alegria. Isso porque, para nos sentirmos gratos, temos de sentir com o coração e reconhecer atentamente os dons que a vida nos oferece num fluxo ininterrupto.

A atitude de gratidão também estabiliza a alma. À medida que praticamos a gratidão, começamos a dar mais atenção ao fato de o copo estar "meio cheio" do que ao de estar "meio vazio". Em pouco tempo, a maioria dos "copos" já nos chegam cheios. A gratidão também elimina nossos anseios insensatos e fantasistas (como os anseios motivados pela propaganda) e nos religa aos muitos tesouros de que já tivemos o privilégio de gozar. Quando criamos em nós o sentimento de gratidão, a abundância começa a se manifestar de modo mais regular na nossa vida. A força e a confiança que vêm dessa atitude de gratidão também facilita o nosso trabalho com circunstâncias difíceis ou complicadas, quando surgem. Para começar a alimentar essa atitude, toda vez que for aplicar um tratamento, sinta-se grato por ser capaz de funcionar como um canal da energia Reiki. A mente silenciosa que o Reiki evoca é mais capaz de assimilar a gratidão, que começa assim a entrar em todas as áreas da sua vida.

2) Só por hoje, não vou me preocupar.

A preocupação não ajuda a ninguém. Ela nos rói por dentro e acaba com a nossa energia. Quando estamos preocupados, não conseguimos dormir, não conseguimos nos concentrar e nossa consciência se dispersa. Sem consciência, nossa força vital se dissipa. A preocupação literalmente apressa a velhice. Subtraindo-nos a nossa força natural, ela também nos deixa mais vulneráveis às doenças. É, além disso, um indício certo de que estamos completamente identificados com as circunstâncias que estão sugando a nossa força vital como um vampiro suga o sangue. Ela é um sinal irrefutável de que estamos completamente atolados no ego. A preocupação declara ao universo que nós não confiamos nele e, depois, confirma todas as expectativas negativas do ego — demonstrando por a mais b que é impossível confiar no universo. Quando nos comprometemos com nós mesmos a deixar de lado todas as preocupações, ficamos mais poderosos. Uma coisa é ficar preocupado quando surgem na vida determinadas questões que precisam ser resolvidas. Nesse caso, o mais importante é agir de maneira adequada, fazer da melhor maneira possível o que for necessário e, depois, confiar em que o universo cuidará do que nós não conseguimos cuidar. Livres de preocupações, nosso coração e nossa mente podem lidar de modo mais eficiente com os desafios que vão surgindo. Deixando de lado as preocupações, aprendemos também a ver o que os outros chamam de "problemas" como simples desafios da vida ou obscurecimentos kármicos passageiros. Com essa atitude, a decisão de não se preocupar é um meio muito prático para diminuir o *stress* na vida. Os desafios que aparecem são vencidos rapidamente e nós simplesmente nos recusamos a fazer tempestades em copos d'água, como acontece de hábito quando nos preocupamos. E se, de vez em quando, as preocupações nos visitam, podemos simplesmente reparar nelas e deixá-las sumir por si sós, lembrando-nos de que é preciso *se ocupar* das situações da nossa vida, mas não se *preocupar* com elas.

Como meio prático de lidar com a preocupação, sugiro que você elabore toda manhã uma lista das coisas que precisa resolver ou fazer durante o dia. Assuma consigo mesmo o compromisso de parar de trabalhar às 5 da tarde, ou em qualquer outro horário predeterminado, para então relaxar. Reveja então a lista de coisas que você conseguiu fazer. Depois de uma semana dessa disciplina de trabalho e relaxamento, você estará conseguindo fazer muito mais coisas durante o dia e estará também muito mais concentrado e consciente.

3) Só por hoje, não vou ficar com raiva.

Esta é difícil porque, quando surgem as circunstâncias que provocam a raiva, surge também a raiva. O problema, então, está em como lidar com ela. Em vez de resistir a ela, o que só lhe daria força, o melhor é deixar que a raiva surja dentro de nós e dar-lhe o nome que lhe cabe. Quando a rotulamos, separamo-nos dela de tal forma que fica muito claro para nós que o problema não somos nós: é simplesmente a raiva que surge. Você pode até dizer em voz alta: "Raiva surgindo!" Então, não precisamos ficar presos à raiva. Não precisamos nos identificar com ela. Quando simplesmente a *sentimos* e não nos identificamos com ela, a raiva deixa de ser um problema, pois o círculo vicioso é cortado no momento mesmo em que surge; e, chamando a raiva pelo nome, nós a aceitamos. Isso elimina a possibilidade de ficarmos com raiva de nós mesmos por estarmos com raiva. Também diminui a possibilidade de guardarmos ressentimentos, que na verdade cristalizam a raiva e mantêm-na presa no nosso organismo.

Quando você se sentir preso num acesso de raiva particularmente forte, convém não só rotulá-la como também visualizá-la como uma bola de energia (que ela é na realidade) e imaginá-la expandindo-se até se dissipar. O segredo está em não fazer isso com a idéia de se livrar da raiva. Em hipótese alguma reprima a raiva, o que pode transformá-la num tumor ou em outro tipo de doença no seu corpo; também não é bom descarregar a raiva sobre outra pessoa.

Se você assumir que está com raiva e não se condenar por isso, a raiva há de diminuir bastante.

4) Só por hoje, vou trabalhar com honestidade.

Eis aqui uma grande ajuda para não cair na preocupação. Se nos esforçarmos honestamente no trabalho e aplicarmos ao máximo as nossas capacidades, estaremos automaticamente transpondo nossas limitações e, assim, faremos melhor o trabalho a que nos dedicamos para sobreviver. Quando somos fiéis a nós mesmos, ficamos também contentes conosco mesmos, e esse contentamento irradia-se naturalmente para fora. Os outros o notam e reagem positivamente, o que facilita em muito a obtenção do sustento. Se assumirmos intimamente o compromisso de trabalhar com honestidade, toda a nossa vida poderá ficar preenchida de alegria, pois a honestidade não é, como se costuma dizer, algo tedioso e monótono, mas sim uma qualidade de inteligência. Com honestidade, tudo fica simples. Quando mentimos, temos de tomar o máximo cuidado para não revelar a verdade por acidente. Quando somos honestos, não temos nada a esconder e podemos ficar em paz.

5) Só por hoje, vou demonstrar amor e respeito por todos os seres vivos.

Nesta teia da vida, cada coisa tem o seu lugar próprio. Na medida em que manifesta a sua própria natureza, cada criatura, animada ou inanimada, serve ao todo e dá sustentação a este planeta e até mesmo ao universo inteiro. A mente humana é demasiado limitada e dualista para compreender a vastidão dessa complexidade, da inter-relação entre todos os seres. Isso porque a mente humana olha para todas as coisas a partir do ponto de vista finito da sua sobrevivência e do seu prazer. A compaixão por todos os seres amplia os nossos pontos de vista. Essa compaixão surge sempre que sentimos com o Coração. Quando amamos e respeitamos profundamente todos os seres, aprendemos também, por fim, a amar o nosso verdadeiro ser. Aprendemos a confiar em que nós também não somos meros grãos de poeira perdidos neste grande universo. Muito pelo contrário, percebemos diretamente que o mundo inteiro está contido na vastidão do nosso Coração. Com essa compreensão, a compaixão se torna sem limites.

Ter Consciência é Estar Aqui Agora

As coisas só existem quando a sua existência é testemunhada. Isso significa que a consciência é o fundamento de todas as coisas. Para nós, porém, a caminhada rumo a uma consciência maior começa de modo muito simples: simplesmente prestando atenção, que o Buda chamou de atenção ao corpo, à respiração e aos pensamentos. Em outras palavras, ter consciência é sentir e perceber o que está acontecendo agora, e isso inclui a atenção aos detalhes das atividades e interações cotidianas. Nos negócios, não podemos nos dar ao luxo de não prestar atenção, mas na vida privada, adotamos uma atitude de terrível desperdício. Por exemplo, nós quase nunca percebemos que estamos desperdiçando a vida em preocupações mesquinhas e inconseqüentes, ou entregando-nos a devaneios, ou simplesmente caindo na completa alienação. Se nos dermos ao cuidado de observar, veremos que há muitos momentos durante o dia em que não estamos nem sequer presentes no nosso corpo, mas sim perdidos num vazio da consciência. O velho mandamento de "estar aqui agora" é tão válido hoje em dia quanto o era quando Ram Dass o popularizou na década de 1970.

Aplicando o Reiki com sentimento, de maneira meditativa, nós tomamos cada vez mais consciência da energia que está escondida por trás de todas as aparências, da multidão de fenômenos e acontecimentos aparentemente mundanos. Aprendemos a apreciar, a identificar e a sentir esse enorme potencial de energia em todos os acontecimentos da nossa vida. Por isso, nos tornamos capazes de sentir o caráter vibrante da nossa própria forma física e de usar a vitalidade intrínseca do Reiki para fortalecer-nos ainda mais, pelo simples ato de "tranqüilizar a mente e intensificar a energia de força vital".

Com uma prática contínua e regular, por tempo suficiente, chegamos por fim a perceber diretamente (e não só intelectualmente) que o nosso corpo não é de modo algum o objeto fixo e sólido que de hábito nos parece ser. Quando o contemplamos sem nos deixar desviar pelos conceitos, percebemos que é na realidade um processo de abertura infinita. No instante em que percebemos que o corpo é muito mais flexível e adaptável do que nos parecia — em outras palavras, quando deixamos de vê-lo como um objeto físico semelhante a uma máquina — começamos a sentir diretamente a grandeza do poder contido nas nossas células.

Quando, através do trabalho com a energia, conduzimos a nossa consciência para além de uma certo limiar ou limite, percebemos enfim que a Energia Universal da Força Vital não sofre nenhum tipo de divisão entre sujeito e objeto. Objetivamente, só essa energia existe — um centro sem centro, onipresente. Todas as coisas que normalmente identificamos como isoladas estão contidas aí: o corpo, a mente, os sentidos e seus objetos, o universo inteiro. Tudo é energia. Quando a nossa consciência se intensifica, nós captamos essa verdade e percebemos que a nossa verdadeira natureza é uma tela na qual todas as coisas são projetadas.

Mística da Tarde

Hibiscos vermelhos
paralisados pelas histórias
que as folhas de palmeira contam
sobre a maré da tarde
que sobe como o vento

A luz que brilha de seu interior
faz dançar suas pétalas vermelhas
e eu, o terreno translúcido
do qual elas brotam
num perpétuo começo

— Narayan

Três Ciclos de Exercícios para Despertar a Consciência

Para começar, leia cuidadosamente no começo do livro as sugestões gerais e específicas relativas às sessões de prática. Se for preciso, releia-as diversas vezes. Antes de começar o primeiro dos três ciclos de vinte e um dias, você precisa estar plenamente disposto a praticar os exercícios sem pausa até que os três ciclos estejam completos. Se não tiver certeza de que está disposto a dedicar o tempo necessário aos exercícios todos os dias, do primeiro ao sexagésimo terceiro, nem sequer comece. Você só estaria contribuindo para reforçar a crença inconsciente de que este exercício (como todas as outras coisas que você faz na vida) não funciona, ou de que você é um perdedor. O segredo está na dedicação voluntária. Se você não tem certeza de estar comprometido com a prática, é melhor esperar até que esteja. Então, só trabalhe com as sessões de prática quando tiver certeza de que vai querer seguir em frente até completar os três ciclos. Decida-se a praticar somente uma rodada de três ciclos de 21 dias por vez (os três ciclos referentes a um único capítulo). Talvez você não queira ou não precise passar pelas sete rodadas. Se você cumprir o seu compromisso com uma rodada, terá uma sensação de realização que lhe será benéfica quando o seu entusiasmo diminuir, o que certamente vai acontecer. Se você precisar reler as instruções para o exercício de redação com tempo marcado, faça-o agora. Leia mais uma vez as *Sugestões Gerais para as Sessões de Prática*, que constituem o Prólogo deste livro.

Descubra os Condicionamentos Inconscientes

Durante vinte e um dias consecutivos, faça a cada dia uma sessão de 15 minutos de redação com tempo marcado, começando com a frase: "Sou condicionado a..." Escreva esse começo de frase em seu caderno e vá em frente, seguindo o fluxo da sua consciência.

Intercepte os Pensamentos na sua Origem

A cada manhã, por quinze minutos, e por vinte e um dias consecutivos, exercite-se para tomar consciência do momento exato em que surgem os pensamentos. Para começar, sente-se relaxado sobre uma cadeira ou uma almofada de meditação; é preciso que você tenha espaço para movimentar o braço ativo (o direito, se for destro, ou o esquerdo, se for canhoto). Sente-se, respire naturalmente e fique consciente... Então, faça o seguinte: grite "HAA!" toda vez que você perceber um pensamento a surgir, antes mesmo de ele ser formulado. No instante mesmo em que perceber que a energia está prestes a congelar-se num pensamento, grite "HAA!", levantando ao mesmo tempo o braço ativo e fazendo com ele um movimento cortante, como se estivesse decepando o pensamento com uma espada. Faça isso durante quinze minutos, decepando todos os pensamentos que surgirem. Quando terminar, continue sentado em silêncio por pelo menos cinco minutos, sentindo a sua presença energética e contemplando o estado da sua consciência. O mais provável é que você se sinta muito lúcido e descansado depois de se dedicar a esta prática. Por isso, aproveite a lucidez recém-encontrada e expanda-a, sentindo-a ainda mais plenamente — mergulhando nela. Tome cuidado, também, com a tendência da mente de transformar imediatamente essa lucidez na memória de algo que aconteceu no passado.

Mergulhe na Luz da Consciência

Durante vinte e um dias consecutivos, por quinze minutos a cada manhã ou à noite, pratique a meditação da "Luz da Consciência" e siga as instruções dadas nas pp. 124-126.

CAPÍTULO 7

Toque

Não só a nossa geometria e a nossa física,
como também toda a nossa concepção do mundo que nos rodeia,
Baseiam-se no sentido do tato.

— Bertrand Russell

O toque é uma das necessidades básicas do ser humano. Os bebês morrem se não forem tocados. Nos anos de formação, o conforto do toque de mãos humanas nos é tão necessário quanto o alimento e o abrigo. O toque é vital para a própria sobrevivência das crianças novas. Mesmo mais adiante, a necessidade continua. O adulto que não é tocado por ninguém, e também não busca tocar os outros, tende a sofrer uma lenta e agonizante morte emocional. Sem o toque, nós nos endurecemos. Construímos ao nosso redor uma casca dura, uma armadura protetora. Como diz o Tao Te Ching: O duro perece; só continua a viver o suave e o flexível. É por isso que o recém-nascido é todo flexível e suave, ao passo que o cadáver é duro e rígido.

Embora a água seja mole, ela é capaz de desgastar penhascos rochosos. A suavidade ou moleza é uma qualidade muito importante na nossa vida. Aliada à abertura, ela pode nos dar uma força interior semelhante à da água, que transpõe todos os obstáculos e continua em seu fluxo. O toque tem o poder de alimentar essa suavidade de que precisamos para ser flexíveis, centrados e equilibrados — para nos sentirmos bem no corpo e no coração.

O Reiki faz uso do toque, e, embora a Energia Universal da Força Vital seja onipresente, ela ainda necessita de um toque de mãos para ser transmitida de um ser humano para outro. Quando a pessoa tem medo de tocar e de ser tocada, o elemento humano, o coração quente, que é necessário para comunicar o Reiki de maneira amorosa e carinhosa, estará parcial ou completamente ausente. A pessoa se sentirá tentada a não colocar suas mãos diretamente sobre o corpo da outra, mas sim a mantê-las suspensas sobre o corpo. Isso dará à outra pessoa a impressão de que o seu corpo não é digno de ser tocado (e, portanto, que ela mesma não é uma pessoa digna). A prática do Reiki se restringe então a um nível puramente mental, e nós acabamos por nos manter alheios às circunstâncias quando estamos aplicando a energia da força vital. Esse alheamento, porém, impede que o nosso ser e o ser da outra pessoa sejam tocados e nutridos, alimentados.

Se você tem medo de tocar e ser tocado, convém que comece a aplicar o Reiki sobre pessoas nas quais realmente confia e com quem se sente à vontade, e a receber aplicações de Reiki dessas mesmas pessoas. Quando existem tabus culturais entre homens e mulheres, encorajo os meus alunos a encarar o corpo — seja do homem, seja da mulher — do mesmo modo que um profissional de saúde o encara. A mesma atitude segura e profissional é muito útil quando começamos um tratamento de Reiki. Com a prática, nossa tendência natural a tocar e a ser tocados volta a prevalecer. Depois de alguns tratamentos de grupo, fica fácil ver todos os corpos como semelhantes.

O Toque: um Fator de Cura Há Muito Esquecido

Embora o Reiki seja uma forma de medicina energética e tecnicamente possa ser transmitido pela imposição das mãos a uma certa distância do corpo, o contato direto é, na verdade, muito importante. O toque suave tem um efeito calmante e acentua o impacto da energia. Além disso, o Reiki aplicado dessa maneira, ajuda-nos a assumir o corpo que temos e a adquirir mais consciência desse corpo.

Quando nos observamos nas nossas atividades cotidianas, notamos que, em geral, vivemos mergulhados nos nossos pensamentos e nas emoções por eles produzidas. Nossa tendência é muito mais a de viver na cabeça ou na mente do que de viver no corpo. Isso impõe ao corpo uma constante perda de energia (sendo que esse corpo é, afinal de contas, o veículo de que dispomos para viver neste mundo) e rouba de nós a sensação de vitalidade. O toque direto é um dos fatores que podem reverter essa tendência, pois restabelece em nós a noção de que somos seres dotados de corpo.

Muitos sistemas medicinais fazem uso do toque terapêutico. É esse o caso da acupressura e da massagem, por exemplo. A massagem indiana feita em bebês foi popularizada no Ocidente por Frederick Leboyer, e os bebês em quem se faz essa massagem parecem ficar particularmente tranqüilos e a ser menos suscetíveis a problemas digestivos, além de chorar menos. O toque também é utilizado na massagem ayurvédica com óleo, especialmente quando é associado ao tratamento dos *marmas* ou pontos de energia. Além dessas, muitas outras terapias corporais popularizaram-se nos últimos vinte anos: a massagem sueca, a terapia da polaridade, a reflexologia, os sistemas de massagem de Rolfing e Trager, o sistema de liberação emocional, etc., etc.

Quando estudei *Body-Electronics* há vários anos — um sistema de liberação dos bloqueios mentais, emocionais e físicos armazenados no corpo, sistema esse desenvolvido por John Ray —, fui até capaz de mudar a memória e a programação genética de certas células do meu corpo através de uma forma específica de toque terapêutico. Quando o toque é aplicado com compaixão, de maneira não invasiva, todos se beneficiam e vários bons resultados são obtidos.

Provavelmente, a mão foi o primeiro instrumento de cura. Todos nós instintivamente levamos as mãos sobre os pontos doloridos do corpo, às vezes sem o perceber. Certa vez, Narayan sofreu um grave acidente de carro, quando nosso caminhão capotou duas vezes a oitenta quilômetros por hora. Quando ele saiu das ferragens e sentou-se à beira da estrada, em estado de choque traumático, e ficou à espera da ambulância, automaticamente pôs uma das mãos sobre a região do baço. Mesmo depois que a ambulância chegou, ele continuou com a mão sobre o baço e deixou-a nesse mesmo lugar por uma hora, o tempo que levou para chegarem ao hospital. Depois de realizados todos os exames, constatou-se uma leve ruptura do baço, para a cura da qual cogitou-se a hipótese de se fazer uma cirurgia. Narayan insistiu em ser mantido em observação durante a noite, na unidade de terapia intensiva. Como não conseguia dormir, manteve conscientemente a mão sobre o baço, deixando-a transmitir abundantes quantidades de Reiki. Sua mão estava quente a ponto de queimar, e ele se lembra de que tinha a nítida sensação de que não deveria tirá-la de lá. No fim, a operação não foi necessária.

É impossível saber o que teria acontecido se ele não tivesse deixado a mão sobre o baço por tanto tempo (mais de doze horas). Mas, até hoje, ele ainda está convencido de que o toque terapêutico do Reiki o salvou de uma cirurgia.

Por que Somos Tão Distantes do nosso Corpo — Uma Sinopse do que Aconteceu no Ocidente

Vivemos numa época em que o corpo, em grande medida, ainda é visto como um objeto a ser manipulado, e, por causa desse ponto de vista, muitas pessoas se sentem "desconjuntadas". Nós aprendemos desde cedo que as sensações relacionadas com o corpo são coisas "feias". Conseqüentemente, muitas vezes não nos sentimos à vontade no contato com outros seres humanos. Em decorrência disso, temos uma enorme carência de contato humano. Embora essa atitude não seja nova, ela chegou ao seu clímax em meados do século XIX, na chamada Era Vitoriana.

O ataque sobre o corpo e sobre todos os sentimentos e sensações corpóreas teve como exemplo máximo, talvez, as aulas de temperança dadas por Sylvester Graham (o inventor de uma famosa bombinha de São João), que voltou sua atenção para o sexo por volta de 1830. Ele e seus partidários não se contentavam em simplesmente atacar o sexo. Esse era apenas o início de um método cujo objetivo era denegrir o corpo inteiro, transformando-o num objeto inteiramente vergonhoso. Graham aconselhava as pessoas a desviar sua atenção de toda e qualquer sensação, sentimento ou visão que viesse de dentro delas. Sua mensagem era a de que o corpo se tornasse uma fortaleza protetora contra os inevitáveis perigos do mundo exterior. Os sentidos funcionariam como sentinelas.

Por causa de Graham e de muitos outros como ele, é fácil entender por que parece que os ocidentais simplesmente abandonaram os seus corpos. Quando terminou a Era Vitoriana, o norte-americano médio, quer do sexo masculino, quer do feminino, era essencialmente um ego desincorporado. Em essência, virara uma espécie de máquina.

No século XIX, com a industrialização, tornaram-se necessários operários que conseguissem trabalhar em sincronia, como se fossem peças das mesmas máquinas com as quais trabalhavam. O fato é que os seres humanos se transformaram em instrumentos das máquinas. Para que um ser humano se assemelhe a uma simples engrenagem, ele precisa "desligar" seus sentidos e sentimentos. A homogeneidade, afinal de contas, é uma das principais características de todo componente de máquina. O componente deve ser previsível, padronizado e especializado. Por isso, quer a pessoa seja um operário de fábrica, quer seja um professor numa de nossas gigantescas "fábricas educacionais", ela acaba adquirindo certas características inequivocamente maquinais.

A medicina ocidental, em grande medida, tem essa mesma atitude em relação aos pacientes. A maioria dos médicos passam não mais do que dois ou três minutos com seus pacientes e só lidam com um sintoma (ou componente) específico do corpo. A maioria dos "cuidados" de saúde dados hoje são dados sem nenhum amor, sem nenhum carinho, e é por isso que falamos em "indústria da saúde". Nos últimos vinte anos, porém, o Ocidente se afastou um pouco dessa abordagem automática.

Hoje em dia, o público se interessa muito por formas de medicina mais tradicionais, como o Ayurveda, a acupuntura, a homeopatia, a naturopatia, etc. — todas as quais são formas de medicina alternativa cujos profissionais tendem a dedicar mais tempo e atenção a cada paciente, e têm assim a oportunidade de tratar a doença diretamente na sua origem.

Houve um renascimento também no campo dos trabalhos com o corpo. Esse renascimento teve como origem o reconhecimento do vínculo íntimo entre corpo e mente, proposto no final da década de 1970 por psicólogos do Ocidente. Ficou claro que certos tipos de emoções ficam armazenados em áreas específicas do corpo. O trabalho concentrado sobre essas áreas pode causar a dissolução de bloqueios emocionais, deixando a pessoa mais leve, mais livre e mais viva.

Junto com o trabalho corporal, veio o reconhecimento da chamada medicina energética, da qual o Reiki é uma das principais modalidades. Através do toque amoroso e consciente e de uma formação relativamente simples, podemos agora tratar a nós mesmos e aos outros, liberando os bloqueios energéticos e as emoções que são, na verdade, as causas básicas de todas as doenças. Com a medicina energética, adquirimos a oportunidade de sentir nossos sentimentos plenamente, de maneira amorosa e acolhedora. Por causa disso é que estamos aprendendo de novo, depois de muito tempo, que um dos principais segredos da boa saúde é um estado mais ou menos constante de consciência intensificada; e o toque consciente e amoroso foi um dos mais importantes instrumentos desse conhecimento.

O Tato: O Primeiro Passo da Consciência

É através do tato que nasce a nossa consciência. O sentido do tato se desenvolve no feto quando ele tem seis semanas de idade e menos de três centímetros de comprimento. A partir de então nós já sentimos o calor e o movimento constantes das paredes intra-uterinas de nossa mãe, que nos massageiam. À medida que o corpo dela se move pelo espaço, cada passo dela, cada ação, nos chama de novo à existência. Desde muito pequeninos, já sentimos os impulsos vibratórios do fluxo e refluxo de suas emoções. A corrente de sensações é contínua: o bater regular de seu coração, que nos serve de canção de ninar; esse reconfortante ritmo básico que se espalha pelas paredes vermelhas da nossa líquida morada.

Tudo isso nos prepara para um grande aperto: através de uma passagem longa e escura que nos conduz a um lugar inundado de novas sensações. Nossa pele se expõe abruptamente ao ar e à luz; os mais sortudos são levados imediatamente ao peito da mãe, onde sentem de novo a vibração familiar.

Para que esse novo ser cresça e se transforme num adulto saudável e equilibrado, será preciso muito cuidado e muito carinho. Ele terá de ser exposto a uma grande variedade de cores, de texturas, sons e sensações físicas, que cultivarão nele a curiosidade necessária para aprender e expandir-se. O amor e o estímulo à exploração de todos os recônditos e modalidades do sentimento e da percepção humanas produzirão enfim uma pessoa equilibrada e firme.

O Toque: uma Necessidade Absoluta para a Própria Sobrevivência, bem como para a Sanidade e a Estabilidade Emocional

Está muito claro que a qualidade do ambiente em que a pessoa nasce e a quantidade de contato humano que recebe são cruciais para a sua saúde e equilíbrio. Nas décadas de 1940 e 1950, miríades de estudos científicos demonstraram terminantemente que a violência e o temperamento irritadiço têm forte relação com a privação de estímulos táteis na infância. Determinou-se claramente que existe uma correlação direta entre a infância difícil e isolada e a criminalidade violenta. Um dos exemplos é a conclusão da pesquisa do Dr. James Prescott, neurofisiologista do *National Institute of Child Health and Human Development* (Instituto Nacional de Saúde da Criança e Desenvolvimento Humano), dos Estados Unidos, que afirma: "Creio que as privações do toque interpessoal, do contato e do movimento são as causas básicas de diversos distúrbios emocionais, entre os quais o comportamento depressivo e autista, a hiperatividade, as aberrações sexuais, o uso abusivo de drogas, a violência e a agressividade." Outros estudos demonstraram que um número significativo de bebês colocados em incubadoras logo depois de nascer e, assim, privados do contato direto com seres humanos vieram a morrer. Esses exemplos nos mostram quanto é essencial o contato humano.

O Tato: A Mãe de Todos os Sentidos

O tato é, na verdade, a mãe de todos os sentidos corporais, tanto no sentido cronológico quanto no psicológico. Ele já está bem desenvolvido até mesmo na antiqüíssima ameba unicelular. Na evolução dos sentidos, foi evidentemente o primeiro a vir à existência. Os outros quatro sentidos são, na verdade, delicadas especializações de células nervosas a determinados tipos de tato. Assim, até mesmo a visão envolve o contato dos fótons com a retina; a audição, o contato do ar comprimido com o tímpano; o olfato, o contato de substâncias químicas orgânicas e inorgânicas com a membrana nasal; e o paladar, o contato de substâncias químicas com as papilas gustativas. Todos esses sentidos se concentram na cabeça, mas o maior órgão sensorial é a pele, cujo papel é absolutamente fundamental para a nossa sobrevivência.

A pele envolve o corpo inteiro e contém dentro de si todos os fluidos essenciais. Ela regula a temperatura do corpo, elimina as toxinas e coordena muitas reações químicas e celulares num nível inconsciente através da sua ligação com o sistema nervoso. A pele é, sem dúvida alguma, a mais variada e mais ativa fonte de sensações em todo o corpo. Na verdade, a maior parte da nossa consciência se dirige às atividades da pele, pois é esta que nos transmite o maior número de informações acerca do que está acontecendo ao nosso redor. Até mesmo pessoas surdas e cegas, como Helen Keller, conseguiram levar uma vida saudável e comunicar-se com os outros seres humanos em virtude da educação que receberam através do tato.

O Tato como Forma Básica de Comunicação

O modo pelo qual encaramos o tato tem um grande efeito sobre a percepção que temos da realidade. As sensações físicas, especialmente a grande variedade de sensações táteis, são o fundamento da autoconsciência. Quando o meu corpo faz contato com um objeto, por exemplo, dois caminhos de informação se abrem: um que me dá informações sobre o objeto e outro que me transmite impressões da parte do corpo que está fazendo o contato e das relações dessa parte com o resto do meu ser. O modo pelo qual interpreto essas informações, porém, depende antes de mais nada do meu condicionamento cultural.

Margaret Mead, famosa antropóloga norte-americana, estudou duas tribos da Nova Guiné e com esse estudo lançou luz sobre a questão do papel do tato e do toque interpessoal em diferentes culturas. Os membros da primeira tribo, dos arapesh, gostam muitíssimo de crianças e passam muito tempo pegando-as no colo e fazendo carinho. A mãe, em todas as suas atividades, leva o filho numa bolsa a tiracolo. Quando tem que se ausentar por algum motivo, compensa a criança durante a noite, acarinhando-a enquanto lhe dá de mamar, abraçando-a, fazendo cócegas e brincando com ela. Os outros adultos tratam todas as crianças do mesmo modo. Mead afirma: "A amamentação se transforma num momento de intensa afetividade e se torna um meio pelo qual a criança desenvolve e conserva uma sensibilidade aos carinhos que são feitos em todo o seu corpo." O resultado disso é uma personalidade adulta tranqüila, gentil, receptiva e pacífica, e uma sociedade que não conhece jogos competitivos nem agressivos e que simplesmente não se dedica à guerra, entendida esta como a organização de expedições para saquear, conquistar, matar ou provar o próprio valor.

Nas proximidades há uma outra tribo, a dos mundugamors. Nessa comunidade, as crianças são vistas como um fardo terrível, e os adultos freqüentemente debatem para decidir se devem matá-las ou deixá-las viver. Aquelas a quem é permitido que vivam são colocadas abruptamente numa bolsa áspera e desconfortável, que às vezes é levada às costas, às vezes simplesmente pendurada na parede. Para amamentar, a mãe fica em pé e só oferece o seio quando não consegue por nenhum outro meio fazer a criança parar de chorar. O bebê, que tem de lutar pelo seu alimento, lança-se agressivamente ao seio e acaba por engasgar com o leite, o que deixa a mãe ainda mais furiosa. Em vez de desmamar a criança aos poucos, aos três ou quatro anos de idade, como os arapesh, os mundugamor as desmamam assim que elas aprendem a andar e batem nelas toda vez que tentam pegar o seio da mãe. O resultado desse tipo de criação é um povo agressivo e hostil, pessoas que desconfiam umas das outras e também dos estrangeiros. Não admira que os mundugamors sejam canibais.

Os dois exemplos estudados por Mead mostram que as diferenças de contato tátil na primeira infância têm um grande papel a desempenhar no amadurecimento neural e no desenvolvimento de traços de personalidade e hábitos de comportamento. Outros exemplos nos vêm à mente: os gentis habitantes das ilhas dos mares do sul antes da colonização européia; ou o comportamento reservado, empertigado e rígido dos alunos das escolas inglesas de elite, quando comparado à camaradagem ruidosa das classes mais baixas, cujas crianças não freqüentam essas escolas.

Stress: o Resultado de Sentimentos que Ainda não Foram Sentidos

Os seres humanos são criaturas extremamente adaptáveis. Felizmente, mesmo aqueles que foram severamente privados do contato tátil humano conseguem às vezes viver normalmente. Mas a que preço? Hoje em dia, nosso ambiente é carregado de tensões. Isso se evidencia em todas as queixas e sintomas que os médicos vêem, mas que parecem não ter causas definidas. Dores de cabeça, problemas do coração, obesidade e depressão são as queixas mais comuns. Na maioria das vezes, os médicos prescrevem uma pílula que alivia temporariamente os sintomas de superfície; uma pílula que só atua para suprimir a dor e, assim, esconde a causa radical de todo sofrimento: um sentimento que teve negada a sua possibilidade de expressão mas que precisa desesperadamente ser sentido. Hoje em dia, estamos rodeados de circunstâncias difíceis e assoberbados por uma verdadeira "ladainha" de sentimentos a que, infelizmente, fomos condicionados a resistir.

O corpo e a mente naturalmente buscam o conforto e resistem ao que lhes parece incômodo. Entretanto, os sentimentos que evitamos através do uso de drogas antidepressivas são apenas reprimidos, não resolvidos, e ficam dentro de nós. Na verdade, ficam lá dentro até um outro dia, até o dia em que estivermos finalmente dispostos a encarar a realidade. A realidade não é "boa" nem "má"; simplesmente "é". As circunstâncias que atraímos para a nossa vida precisam ser sentidas, sejam elas quais forem. No decurso da nossa vida, nós como que avançamos tateando; ao mesmo tempo, porém, estamos perdidos no meio de uma mente que nos inunda de falsas informações. Não admira que a confusão seja tão grande. Agora é hora de nos voltarmos para dentro para aprender de novo a confiar nos nossos sentimentos, pois eles nos dão uma idéia muito mais exata de como as coisas realmente são.

O Toque: um Meio para Sentir nossos Sentimentos

O toque suave e amoroso é um dos meios fundamentais de que dispomos para aprender a sentir; e o sentimento, como já dissemos, é o meio por excelência pelo qual podemos crescer em consciência. O Reiki, o Método Usui de Cura Natural, é uma forma de toque consciente que tranqüiliza a mente e intensifica a energia da força vital. Com a mente tranqüila, nossa consciência aumenta, e a consciência é o único remédio que opera a cura sem perturbar as funções naturais do organismo.

Quando nos concentramos no nosso Verdadeiro Ser, que é a própria Consciência, torna-se fácil sentir os sentimentos. Quando nos concentramos no Um, no dono da consciência, naquele que os meditadores chamam de Eu-Testemunha, nós ficamos em silêncio — na realidade, nos tornamos o próprio silêncio. A prática do toque amoroso em nós mesmos e nos outros pode nos ajudar a obter essa mesma noção do nosso verdadeiro ser.

O Reiki pode nos dar uma miríade de benefícios. Pode nos ajudar a aprender o que não aprendemos na infância, todo um novo modo de sentir e de nos comportar. Ele nos ensina a avaliar com mais precisão o nosso próprio estado, a identificar e dissolver as tensões. Com o Reiki, conseguimos começar a dissolver os círculos viciosos e caminhar rumo à saúde, em vez de ir aumentando cada vez mais, e inconscientemente, o número de nossos males, através da repressão dos sentimentos. Com a recém-adquirida capacidade de perceber as coisas, com a percepção das coisas como elas são, o Reiki nos ajuda a estabelecer novos "engramas" sensoriais e dominar uma abertura que favorece uma vida mais espontânea. Isso é essencial para que possamos nos livrar das obsessões e compulsões, que são os nossos hábitos mais profundamente arraigados.

O Toque: uma Forma Agradável de Educação

O Reiki, como todas as outras artes de cura, não é uma panacéia; mas há um grande número de males que só vão ceder quando o nosso relacionamento consciente com o nosso corpo melhorar. Como as informações sensoriais são os elementos que mais firmemente desencadeiam e organizam todos os níveis do comportamento, o Reiki — uma forma de toque amoroso e consciente — pode ser visto como uma espécie de educação. Como em qualquer forma de educação, é importante que ela seja agradável. O corpo e a mente tendem a afastar-se da dor, a ignorar o desconforto ou a resistir a ele. Por isso, nós geralmente retemos melhor os fatos quando eles nos vêm acompanhados de sensações agradáveis. O prazer desperta em nós uma atenção tranqüila, a qual, por sua vez, nos ajuda a perceber mais plenamente as circunstâncias que nos rodeiam.

Quando estamos doentes, feridos ou emocionalmente perturbados, tendemos a nos esquecer de que o corpo também é uma fonte de prazer. O toque de cura pode nos chamar suavemente a atenção para aquilo que devemos sentir, para os sentimentos que têm de ser resolvidos; de modo que, tateando através de nossas resistências, possamos mais uma vez voltar a sentir prazer.

O Reiki é, sem dúvida alguma, uma arte de cura para os nossos tempos. Proporciona-nos uma maneira simples de libertar o corpo das restrições provocadas pelos condicionamentos negativos e de nos levar a sentir nossos sentimentos de tal modo que a consciência realmente venha a se expandir. Com a consciência mais ampla, desenvolvemos uma capacidade maior de decisão e nos tornamos capazes de viver livres das restrições inconscientes. Desenvolve-se em nós uma nova inteligência, a inteligência do Coração, que vem sempre acompanhada de vitalidade, alegria e prazer. À medida que nos abrimos às miríades de possibilidades da vida, adquirimos uma nova perspectiva.

Como já dissemos, o Reiki pode ser aplicado sem que as mãos entrem em contato com o corpo; mas a resistência da pessoa a tocar no outro, ou a ser tocada, pode ser entendida como um sinal de que talvez ela não esteja preparada para a cura mais profunda que o Reiki pode proporcionar. Quando a pessoa tende a apresentar muitas razões vazias para explicar por que o toque direto não é necessário, é aconselhável que ela vá um pouco mais fundo e se disponha a sentir todos os sentimentos associados ao toque e toda a resistência que tem ao fenômeno do toque — por exemplo: tabus religiosos, a censura dos pais ou qualquer sentimento de desconforto.

Quando nos dispomos a sentir plenamente essas coisas, percebemos que os motivos que temos para não tocar, nem nos deixar tocar, só servem para mascarar a terrível separação que existe entre a nossa alma e o nosso corpo, e representam apenas a sombra do nosso forte anseio pelo toque amoroso. Se, durante os tratamentos de Reiki, você perceber que está evitando automaticamente o toque direto, experimente ir contra essa sua tendência inconsciente. Disponha-se a sentir todos os resíduos que surgirem, todos os sentimentos sobre o toque que há tanto tempo você nega e reprime.

Sinta a sua resistência de forma plena e consciente, e repare em todas as imagens que talvez surjam durante esse processo; ao mesmo tempo, dê continuidade ao tratamento. Enquanto a mente continuar a rotular certas coisas como "intocáveis", a própria idéia de "intocabilidade" vai perpetuar o seu estado de inconsciência. Toda inconsciência é um obstáculo à liberdade.

No Reiki, o tocar e o ser tocado são experiências profundamente agradáveis e de profundo efeito curativo. É prudente que você toque e seja tocado, pois tudo aquilo que nós negamos, por causa do medo, vai acarretar no fim, para nós, uma negação da experiência direta da liberdade absoluta que constitui o nosso verdadeiro ser.

Agora é hora de dar a nós mesmos aquilo que nós gostamos tanto de dar às crianças: o toque consciente e amoroso. Muitas vezes nos esquecemos que lá dentro de nós, qualquer que seja a nossa idade cronológica, reside uma criancinha de cinco anos que ainda precisa ser pega no colo e consolada, que tem fome e sede de contato humano. Nós adultos, neste mundo de hoje, vivemos expostos a um sem-número de tensões, desconfortos e discórdias, que não são suscetíveis de cura pelos métodos tradicionais do Ocidente.

O toque reconfortante — quer seja aplicado a um gato nervoso, a uma criança aborrecida ou a um bebê que chora — tem o poder universalmente reconhecido de aliviar os sinais de sofrimento. É estranho que nós não pensemos nos possíveis benefícios que ele tem a oferecer a nós, adultos estressados. É estranho também que pensemos que a criança precisa de afagos, enquanto o adulto precisa de pílulas. Neste capítulo, eu tive a intenção de deixar bem claro que o conforto tátil não é uma coisa qualquer, e que não existe separação alguma entre a medicina propriamente dita e o "simples" contato humano.

O toque não tem o poder de combater diretamente os vírus e bactérias, mas pode ajudar a criar um ambiente corporal no qual esses micróbios não sejam bem-vindos. Na pessoa tranqüila e não sujeita a tensões insalubres, que tem também atendidas as suas necessidades básicas de alimentação, vestuário e descanso, a doença é incapaz de penetrar. O tipo de toque que se pratica no Reiki intensifica a energia da força vital e, na realidade, fortalece o sistema imunológico. A reação de relaxamento devida ao toque que acompanha a aplicação de energia tranqüiliza a mente e deixa a pessoa saudável e atenta.

É importante que o praticante do Reiki descubra e desenvolva dentro de si essa qualidade de contato tátil que seja capaz de transmitir tranqüilidade emocional — uma experiência tátil extremamente necessária para a pessoa estressada e sofrida. Com uma quantidade suficiente de prática em si mesmo e nos outros, você vai adquirir uma confiança que há de se comunicar ao eu paciente.

Os Elementos do Toque

O vento toca a árvore
a árvore abraça a terra
a terra apega-se às raízes
a raiz trepida
tocada tão no íntimo e
abrasada pelo fogo da vida
que reside no fundo
nas profundezas
do elemento água
que é atraído
para o alto
para as pontas dos ramos
tocados e balançados
pelo vento

— Narayan

Três Ciclos de Exercícios para Dissolver o Medo de Tocar e Ser Tocado

Para começar, leia cuidadosamente no começo do livro as sugestões gerais e específicas relativas às sessões de prática. Se for preciso, releia-as diversas vezes. Antes de começar o primeiro dos três ciclos de vinte e um dias, você precisa estar plenamente disposto a praticar os exercícios sem pausa até que os três ciclos estejam completos. Se não tiver certeza de que está disposto a dedicar o tempo necessário aos exercícios todos os dias, do primeiro ao sexagésimo terceiro, nem sequer comece. Você só estaria contribuindo para reforçar a crença inconsciente de que este exercício (como todas as outras coisas que você faz na vida) não funciona, ou de que você é um perdedor. O segredo está na dedicação voluntária. Se você não tem certeza de estar comprometido com a prática, é melhor esperar até que esteja. Então, só trabalhe com as sessões de prática quando tiver certeza que vai querer seguir em frente até completar os três ciclos. Decida-se a praticar somente uma rodada de três ciclos de 21 dias por vez (os três ciclos referentes a um único capítulo). Talvez você não queira ou não precise passar pelas sete rodadas. Se cumprir o seu compromisso com uma rodada, terá uma sensação de realização que lhe será benéfica quando o seu entusiasmo diminuir, o que certamente vai acontecer. Se precisar reler as instruções para o exercício de redação com tempo marcado, faça-o agora. Leia mais uma vez as *Sugestões Gerais para as Sessões de Prática*, que constituem o Prólogo deste livro.

Refaça o Contato com o Tato

Durante vinte e um dias consecutivos, faça a cada dia uma sessão de 15 minutos de redação com tempo marcado, começando com a frase: "Quando sou tocado, sinto..." Escreva esse começo de frase no seu caderno e vá em frente, seguindo o fluxo da sua consciência.

Experimente Diversas Formas de Contato

Durante vinte e um dias consecutivos, passe dez minutos de manhã ou à noite tocando-se, acariciando de leve a sua pele ou apertando e massageando partes do seu corpo. É importante não tentar controlar o processo com a mente, mas deixar que o corpo o oriente.

O ponto principal não são os aspectos técnicos da automassagem, mas sim que você sinta os efeitos do toque nas diversas partes do seu corpo. Veja se você não tem resistência a tocar em si mesmo de maneira tão simples. Veja também se a sua mente não tem a tendência de encaixar num contexto sexual todo tipo de toque — evidentemente, não é esse o caso. A instrução é a seguinte: simplesmente explore o seu corpo, tocando-o sem inibição, do jeito que ele quiser ser tocado. Para o êxito deste exercício, é importante que você tenha uma privacidade absoluta e não seja perturbado por ninguém.

Quando terminar, anote seus sentimentos e observações num caderninho, sem censurar nada. É essencial que você aprenda a se tocar da mesma maneira que gostaria de ser tocado. Com isso, aumentará a sensibilidade com que você toca os outros. Só quando sabemos exatamente como queremos ser tocados é que sabemos como tocar os outros. Se, por outro lado, constatarmos que ainda ficamos inibidos quando tocamos o nosso próprio corpo, é porque ficaremos mais inibidos ainda para tocar o corpo de outra pessoa. Essa sensação de incômodo ou desconforto desencadeia uma resistência sutil e perturba a prática do Reiki.

Toque os Outros com o Reiki

Durante vinte e um dias consecutivos, dê a alguém uma sessão de tratamento do corpo inteiro com o Reiki. É ideal que você trabalhe com várias pessoas diferentes, de modo que adquira uma boa noção dos diferentes corpos e padrões de energia. Não perca a consciência de seus sentimentos e sensações, especialmente nas mãos. Depois de cada tratamento, peça que a pessoa lhe faça um comentário e deixe que os clientes partilhem os sentimentos deles. Preste bastante atenção ao modo pelo qual você os ouve; deixe-se tocar pelas palavras deles, de modo a ir além da superfície, chegando a captar também as mensagens ocultas. Por fim, anote num caderno suas próprias observações e os comentários de seus clientes.

CAPÍTULO 8

Reiki I — O Tratamento do Corpo

Estudar o caminho com o corpo
significa estudar o caminho com o teu próprio corpo.
Significa estudar o caminho com este pedaço de carne vermelha.
O corpo se revela pelo estudo do caminho.
Tudo o que se revela pelo estudo do caminho é o verdadeiro
corpo humano.

— Dogen, Mestre do Budismo Zen

Durante um tratamento de Reiki, participamos do grande mistério de descobrir a cura e o equilíbrio mediante o estabelecimento de um vínculo direto com a origem do nosso ser. Essa origem não é um outro lugar, um lugar de origem separado de nós no tempo e no espaço. É Aquilo que somos a todo instante, mas que não percebemos, pois ficamos apegados a um sem-número de conceitos limitados acerca do nosso próprio ser, e não chegamos a sentir a nossa própria presença. Os conceitos e crenças que habitualmente proliferam nos impedem de apreciar a nossa verdadeira natureza e, através de sua constante agitação, criam desequilíbrios mentais e físicos, que inevitavelmente se manifestam sob a forma de degenerações e doenças.

Com o uso do Reiki, revertemos a tendência de nos afastar cada vez mais da origem. Muito pelo contrário, nós nos curamos pela aplicação direta, sobre o corpo, da própria energia da origem. Desse modo, o Reiki nos cura no mais profundo do nosso ser, suavemente, bondosamente, sem imposições indevidas. Quando nos abrimos e sentimos o fluxo da Energia Universal da Força Vital, que vai recarregando a nossa própria força vital, então o tratamento de Reiki se torna uma experiência reconfortante e muito agradável. Depois dele, nos sentimos mais unificados, mais vibrantes e mais vivos.

Dar e receber o Reiki são duas coisas que sempre acontecem simultaneamente, quer você esteja dando o tratamento, quer o esteja recebendo. Isso porque, através das iniciações, estabelecemos um vínculo indissolúvel com a energia infinita que constitui o nosso verdadeiro ser. Quando damos um tratamento a outra pessoa, também recebemos um tratamento, pois o nosso corpo também absorve o Reiki. Às vezes convém que você peça um tratamento, que se deite e deixe que o corpo receba a energia; às vezes a alegria pode estar em demonstrar o seu amor, tratando outra pessoa. Dar e receber na mais absoluta simplicidade e perceber continuamente quem é que dá e quem é que recebe: essa é a essência indescritível do estudo do caminho. Através da simplicidade, o verdadeiro corpo humano se realiza.

Aspectos Básicos do Reiki

Na aula de Reiki de Primeiro Grau são dadas quatro sintonizações ou transmissões de poder que "despertam" a pessoa e a habilitam a perceber a sensação da energia passando pelas mãos. Quando impomos as mãos sobre o corpo de outra pessoa para dar um tratamento de Reiki, elas transmitem a exata quantidade necessária de Energia Universal da Força Vital, sem nenhum esforço consciente nosso ou do paciente.

O corpo simplesmente atrai aquilo de que precisa. Quando tratamos outra pessoa, a energia que passa pelo nosso corpo não só fortalece o outro como nos fortalece também. Na verdade, quando damos um tratamento, nós também recebemos um tratamento. Como a energia do Reiki atravessa um canal muito limpo, nós não absorvemos nada da energia "negativa" ou densa do paciente, nem ele absorve nada da nossa. Em outras palavras, nós atuamos como um simples canal ou conduto para uma energia que, sem esforço algum, flui para nós mesmos (quando aplicamos o autotratamento) ou para outra pessoa.

Nosso trabalho consiste simplesmente em perceber o que acontece nas nossas mãos quando formulamos a intenção de aplicar a energia. Normalmente, quando colocamos as mãos em cada uma das posições sobre o corpo, nós sentimos uma certa quantidade de calor. Às vezes ocorre, porém, de em algumas posições o calor ser maior do que em outras. Às vezes sentimos um formigamento ou uma pulsação. Todas essas sensações são sinais de que, nessa posição, o corpo está atraindo mais energia do que nas outras. Sendo assim, devemos deixar as mãos nessa posição por tanto tempo quanto nos for possível, ou até sentirmos que a energia começa a se dissipar. Vez por outra, acontece de uma pessoa iniciada em Reiki não sentir quase nada nas mãos. Com a prática cotidiana no decorrer dos primeiros vinte e um dias, a sensibilidade tende a se desenvolver, quer sob a forma de sinais sensíveis nas mãos, quer sob a forma de uma intuição. O mais importante é praticar todos os dias durante três semanas, e fazer o tratamento em *todas* as posições do corpo.

Não Existem Partes do Corpo que não Possam Receber o Reiki

Em essência, todas as partes do corpo são posições do Reiki em potencial. Essas posições englobam todos os principais órgãos internos e todas as glândulas endócrinas, que controlam o equilíbrio químico do corpo. Nos últimos anos, muito se falou acerca de se tratar os sete principais chakras ou centros energéticos sutis. A verdade é que eles se localizam exatamente na mesma posição que as glândulas endócrinas. Se você conhecer a localização das glândulas endócrinas, estará tratando os chakras automaticamente. As posições básicas das mãos, tratando todos os órgãos principais e as glândulas endócrinas, serão apresentadas no fim deste capítulo.

Outro ponto importante a ser detalhado: não existem áreas ou zonas do corpo que não possam receber aplicações de Reiki, exceto aquelas que não devem ser tocadas por motivos culturais. Muitas informações falsas e enganosas foram publicadas em certos livros. Cito como exemplo a idéia apresentada por um determinado autor de que existem certas áreas, como o chakra umbilical ou o topo da cabeça, que não podem receber a energia. A verdade é que o chakra umbilical geralmente atrai muito Reiki, pois é aí que acumulamos a maioria dos nossos sentimentos reprimidos.

Quero falar, de passagem, sobre algo que diz respeito ao tratamento do topo da cabeça, que afeta as glândulas pineal e pituitária ou hipófise. Trata-se de um estudo feito por iridologistas alemães. Eles fizeram o diagnóstico da íris de dez mil cadáveres e descobriram que, embora somente cerca de quinze por cento dessas pessoas tivessem morrido de câncer, todos os cadáveres, sem exceção, apresentavam pelo menos um tumor, e que o tumor mais comum era na glândula pituitária. Não é de admirar que a nossa sensibilidade intuitiva esteja tão bloqueada!

Disso pode-se também concluir que o topo da cabeça é outro lugar importante que precisa de grandes quantidades de Reiki; e, como qualquer outra posição, também esta só vai atrair a quantidade de energia exata para as suas necessidades. Nesse contexto, vale lembrar que, em todas as tradições espirituais, as bênçãos são transmitidas pelas mãos colocadas sobre o topo da cabeça. Como o Reiki é uma forma de transmissão direta da energia do Coração, não deve ser considerado também uma bênção?

Para resumir, toda vez que alguém lhe disser que existem certas áreas que não podem receber o Reiki, conclua que o mais provável é que essa pessoa mesma esteja bloqueada nessas áreas específicas, embora em nível inconsciente.

Não se Pode Garantir a Cura

Quando aplicamos o Reiki, não podemos garantir o resultado de nenhum tratamento. Não podemos, de maneira alguma, afirmar que a aplicação da Energia Universal da Força Vital produzirá resultados determinados e absolutamente previsíveis, além dos de tranqüilizar a mente e intensificar a energia vital. Seria falta de ética afirmar tal coisa.

Sob esse aspecto, o Reiki não é diferente de nenhum outro método terapêutico ou ciência medicinal, nem mesmo da medicina alopática ocidental, que também não pode garantir o resultado de nenhum tratamento. Na verdade, não existe sobre a Terra nenhum tipo de medicina que possa garantir a cura. Por que outro motivo eles lhe pedem para assinar tantos formulários quando você se interna num hospital nos Estados Unidos ou em outros países? A chamada indústria da saúde quer garantir que você absolva os médicos e as empresas farmacêuticas da responsabilidade que lhes cabe pelos resultados do tratamento. Isso porque não podem garantir o sucesso da cura e querem que você aceite esse fato, assinando o nome sobre a linha pontilhada.

A própria esperança de ter uma garantia absoluta se baseia sobre um engano básico acerca de quem, ou do que, realiza o ato de cura.

Quando vamos ao médico, geralmente temos por certo que ele é quem nos vai curar. Isso, porém, não é verdade. Tudo o que o médico pode fazer é tomar as medidas adequadas para levar o corpo a curar a si mesmo. As diversas formas de terapia e medicação postas à nossa disposição são feitas para suprimir certos sintomas patológicos e/ou fortalecer as reações saudáveis, tudo isso para que a capacidade de autocura do corpo possa assumir por si mesma a responsabilidade de combater a doença. Se por algum motivo o corpo se recusar a fazer isso, nem todos os remédios do mundo poderão nos curar.

Muitos fatores contribuem para que haja uma cura, e nem todos eles são previsíveis ou mesmo discerníveis. É por isso que não pode haver garantia alguma, nem com o Reiki, nem com nenhuma outra forma de medicina. Entretanto, o fato de não haver garantia não deve ser tomado como uma confissão de impotência ou ineficácia. Muitas vezes, o Reiki é extremamente eficaz em episódios agudos ou em doenças crônicas, fato que aliás pode ser objeto de muitos testemunhos. É só que, como qualquer outra forma de medicina, o Método Usui de Cura Natural não pode garantir o resultado de um tratamento; por isso, o praticante de Reiki também não deve oferecer garantias.

O que o Reiki faz é trabalhar sobre a causa radical da doença, ajudando-nos a sentir as emoções reprimidas e os bloqueios energéticos que atraem a energia universal. É preciso lembrar também que, muitas vezes, a cura definitiva acontece durante o próprio processo da morte. O primeiro *bardo* ou estado intermediário de consciência que ocorre depois da morte é um momento extremamente oportuno para a manifestação plena da auto-realização. O tratamento de Reiki aplicado a uma pessoa no leito de morte pode ajudá-la a morrer consciente e tranqüilamente. Assim, qualquer que seja a situação, e mesmo que a plena cura física não aconteça, o Reiki opera no nível energético, colaborando para acalmar a mente e deixar a pessoa num estado mais elevado de consciência.

Como Preparar a Si Mesmo e ao Paciente

Antes de começar um tratamento de Reiki, é bom garantir que o paciente esteja confortavelmente deitado num tapete, num colchão ou, idealmente, numa mesa de massagem, para que você também possa estar confortável enquanto o trata. O melhor é que você mande fazer uma mesa de massagem ou maca cujo tampo (contando o estofamento) fique exatamente à altura da sua virilha. Assim, quando o paciente estiver deitado sobre a maca, suas mãos cairão naturalmente sobre o tronco dele, estando você de pé. Como existem também muitas posições de tratamento para a cabeça e os ombros, em geral eu me sento numa confortável cadeira giratória de escritório à cabeceira da maca enquanto trabalho a face, a cabeça, os ombros e a parte superior do peito do paciente, e fico de pé para trabalhar o tronco e as coxas. Para tratar os joelhos e os pés, sento-me de novo. Em época de frio, é importante cobrir o paciente com um cobertor, pois o corpo tende a esfriar na posição deitada. Antes de começar o tratamento, convém tranqüilizar o cliente, explicando-lhe no que consistirão os procedimentos. Diga-lhes que o corpo deles vai atrair exatamente a quantidade necessária de Energia Universal da Força Vital e nada mais. Isso lhes dará confiança e aliviará o medo de que eles atraiam energia demais ou que você "faça" algo que lhes seja prejudicial. Infelizmente, muitas pessoas ignorantes têm veiculado em muitos lugares a idéia de que é possível aplicar uma quantidade "excessiva" de Reiki. A verdade é que isso é absolutamente impossível, pois ninguém "emite" ou "faz" o Reiki. O Reiki é *sempre atraído*, nunca emitido. Também é bom perguntar ao paciente se ele precisa de um tratamento extra numa área específica. Por fim, recomendo que você ponha para tocar uma música de fundo suave, própria para a meditação.

Antes de começar, concentre-se por um instante, de modo que depois consiga voltar para o cliente toda a sua atenção. Para dar início ao tratamento, há um método excelente que consiste em dispor suavemente as mãos na primeira posição, sobre os olhos, e imediatamente começar a respirar no mesmo ritmo da pessoa a quem você está tratando. À medida que você se concentra na respiração dela e começa a respirar junto com ela, vai começar também a sentir com ela. Com a prática, vai começar a sentir os sentimentos dela fluindo através de você. Com isso, vai aumentar a sua intuição dos lugares que precisam de mais tratamento. É essencial, porém, que você não se identifique com o que estiver sentindo na outra pessoa e não assuma os sentimentos dela como seus. Sinta-os e deixe-os passar por você e ir embora. Não se deixe prender por nenhum sentimento específico; caso faça isso, você rapidamente perderá o contato com a corrente constante de sentimentos que passa pelo paciente. A identificação com um sentimento é garantia instantânea de inconsciência.

Outro efeito importante de se respirar em sincronia com o paciente, ao menos nas primeiras posições, é que então os micromovimentos de suas mãos estarão sincronizados com os movimentos do corpo dele (os quais, por sua vez, estão sempre sincronizados com a respiração dele). Desse modo, ele mal vai notar a sua presença como a de uma entidade separada, e assim vai relaxar mais depressa.

Dicas para o Toque Terapêutico com o Reiki

Ao mudar de posição, é importante mover primeiro uma mão e depois a outra, mantendo sempre uma mão sobre o corpo. Isso dá à pessoa uma sensação de segurança, pois ela sempre tem uma idéia de qual é a parte do corpo que você vai tocar. Para que você possa captar as sensações sutis que ocorrem nas mãos, o ideal é deixar as palmas levemente côncavas e os dedos fechados, encostados um no outro, em vez de abertos.

Ao posicionar as mãos, deixe-as completamente relaxadas, quase como se fossem um peso morto, como se seus braços fossem os de uma boneca de pano. Porém, não se apóie sobre a pessoa nem aperte as mãos sobre o corpo dela. Lembre-se de que não há nada que você precise fazer; assim, você não precisa "apertar" a energia para dentro da pessoa! Por outro lado, não opte por um toque tão leve e "aéreo" que o paciente mal possa sentir a sua presença. Esse toque hesitante transmite tacitamente a mensagem negativa de que não é bom tocar o corpo daquele paciente. Simplesmente deixe as mãos completamente relaxadas e dirige a elas a sua atenção. O Reiki é o toque amoroso e *consciente*. Por isso, o ideal é prestar atenção sempre, colocar as mãos cuidadosa e conscientemente em cada posição e retirá-las cuidadosa e conscientemente quando chegar a hora.

O tempo em que você estiver tratando a si mesmo ou a outra pessoa pode se tornar um tempo em que você está presente e atento. As pessoas percebem uma grande diferença entre ser tratadas por um terapeuta consciente e atento ou por alguém que corre de uma posição à posição seguinte só para terminar logo o serviço.

É melhor não usar fitas de música com tempo marcado, mas deixar que suas próprias mãos lhe digam quando mudar de posição. No geral, há uma diminuição de calor ou uma sensação de formigamento quando um local já absorveu toda a energia de que precisava. O paciente também pode dar um profundo suspiro de satisfação, indicando que você deve mudar.

Cada posição de mãos pode levar em média cerca de três minutos num tratamento de uma hora, mas esteja disposto a passar cinco, dez, até mesmo quinze minutos numa só posição! Depois de completar o tratamento do corpo inteiro, as áreas mais doentes devem receber mais um tratamento de meia hora. Estou falando, por exemplo, de joelhos artríticos, de um tumor canceroso ou, no caso de um paciente diabético, do pâncreas. O melhor é se basear no bom senso, pois não há mal que você possa fazer com o Reiki. Uma atitude de amor e carinho vai deixar você mais aberto e o seu paciente mais receptivo, além de dissolver todo mal-estar que você porventura tenha por ainda ser um iniciante.

Os desenhos seguintes vão ajudar a esclarecer quais são as posições básicas de um tratamento de corpo inteiro.

1ª posição:

Para o autotratamento: Você pode se sentar ou se deitar. Cubra os olhos com as palmas das mãos.

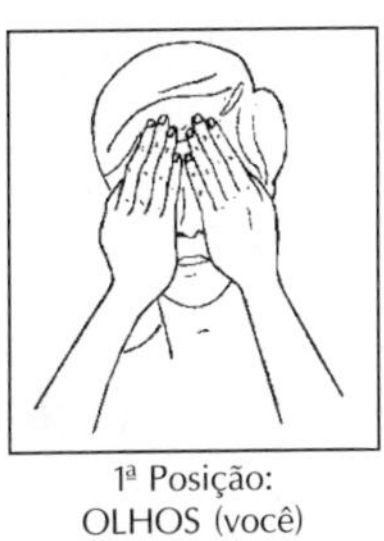

1ª Posição:
OLHOS (você)

Ao tratar outra pessoa: Fique de pé (ou sentado) atrás da cabeça do outro e coloque a ponta dos dedos sobre o arco zigomático (a estrutura óssea debaixo dos olhos). Os polegares estão lado a lado, cobrindo o espaço entre as sobrancelhas, um pouco acima delas. Os indicadores não devem ficar tão próximos ao nariz a ponto de tocar as narinas, isso para não bloquear as vias aéreas.

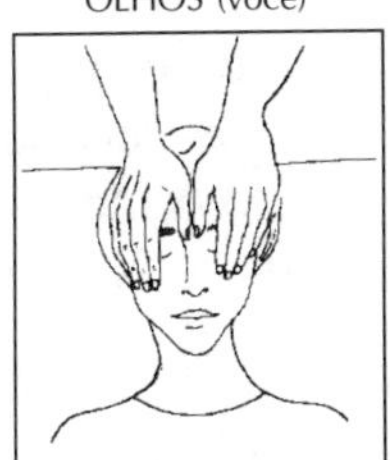

1ª Posição:
OLHOS (outros)

Benefícios: Esta posição é boa para aliviar a tensão nos olhos e proporciona um relaxamento geral. Todas as posições das mãos sobre a cabeça também tratam as glândulas pineal e pituitária.

2ª posição:

Para o autotratamento: Cubra as têmporas com as mãos.

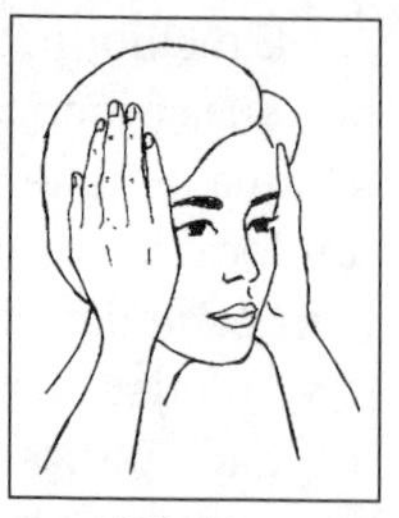

2ª Posição:
TÊMPORAS (você)

Ao tratar outra pessoa: Deixe os polegares entre as sobrancelhas do paciente, um pouco acima delas, e coloque as palmas das mãos sobre as têmporas até tocá-las suave mas firmemente.

Benefícios: Esta posição alivia a tensão no grupo de músculos que se irradia da mandíbula.

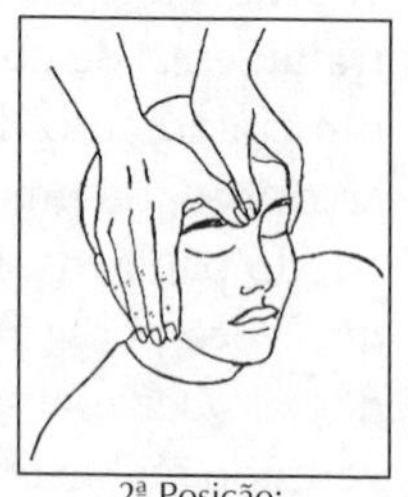

2ª Posição:
TÊMPORAS (outros)

3ª posição:

Para o autotratamento: Cubra os ouvidos com as mãos.

Ao tratar outra pessoa: Como acima.

Benefícios: Ao tratar os ouvidos, você na verdade trata o corpo inteiro, pois os muitos pontos energéticos neles localizados se ligam a todos os principais canais e regiões do corpo (do mesmo modo que os pontos energéticos nas mãos e nos pés).

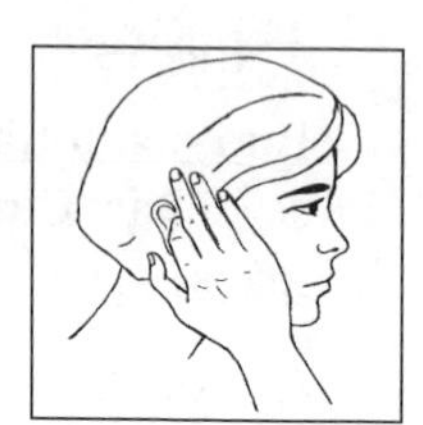

3ª Posição:
OUVIDOS (você)

Variação da 3ª posição:

Para o autotratamento: Coloque ambos os indicadores nos ouvidos, bloqueando inteiramente (mas com suavidade) as trompas de Eustáquio, e cobrindo os ouvidos ainda com os outros dedos e as palmas das mãos.

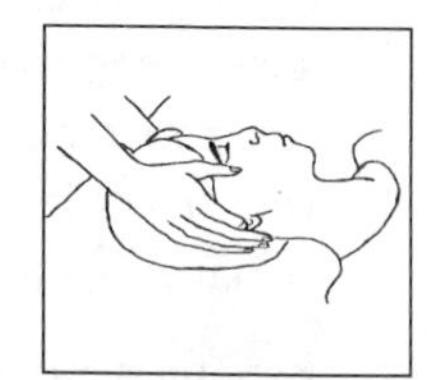

3ª Posição:
OUVIDOS (outros)

Ao tratar outra pessoa: Como acima. Seja delicado para que o outro não se sinta energeticamente invadido. Em poucos minutos, ele há de sentir um relaxamento profundo.

Benefícios: Esta posição equilibra imediatamente todos os meridianos ou linhas de fluxo de energia. Você vai se sentir imediatamente relaxado.

4ª posição:

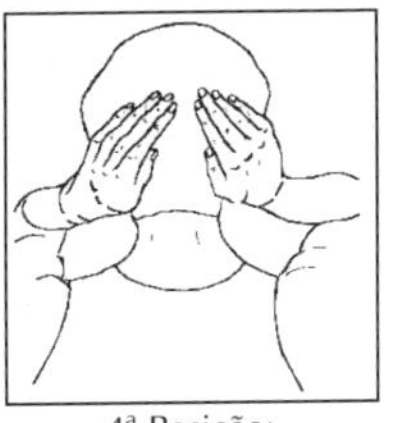

4ª Posição:
ATRÁS DA CABEÇA
(você)

Para o autotratamento: Cubra com as mãos os lobos occipitais (os dois lóbulos ou pequenas protuberâncias na base do crânio).

Ao tratar outra pessoa: Cubra com as mãos a parte de baixo do crânio do paciente, "enganchando" as pontas dos dedos nas extremidades do crânio, perto do pescoço. Essa posição tem um efeito muito relaxante, pois a cabeça do outro fica totalmente apoiada. Deixe as suas mãos completamente relaxadas.

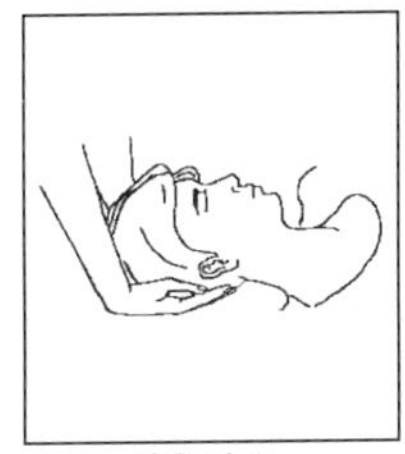

4ª Posição:
ATRÁS DA CABEÇA
(outros)

Benefícios: Esta posição colabora com a liberação das tensões coaguladas ao redor da cabeça.

5ª posição:

5ª Posição:
FRONTE (você)

Para o autotratamento: Para esta posição o melhor é deitar-se. Coloque um travesseiro a um lado da sua cabeça e apóie nele o braço e o cotovelo. Coloque essa mesma mão sobre a testa. Deixe a outra mão sob ambos os lobos occipitais, atrás da cabeça.

Ao tratar outra pessoa: Cubra com uma mão os lobos occipitais e coloque a outra mão sobre a fronte.

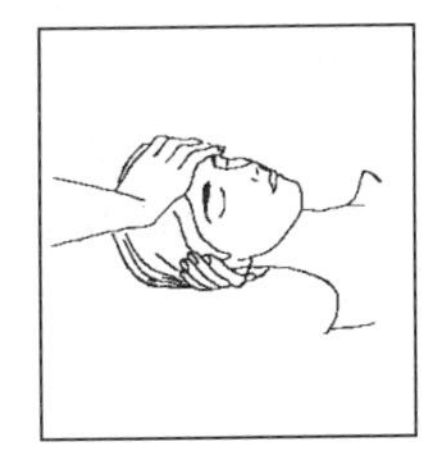

5ª Posição:
FRONTE (outros)

Benefícios: Uma boa posição para aliviar dores de cabeça e tensão na cabeça.

6ª posição:

Para o autotratamento: Deslize para trás do pescoço a mão que está sob os lobos occipitais. Coloque a outra mão sobre a garganta, apoiando-a nas clavículas.

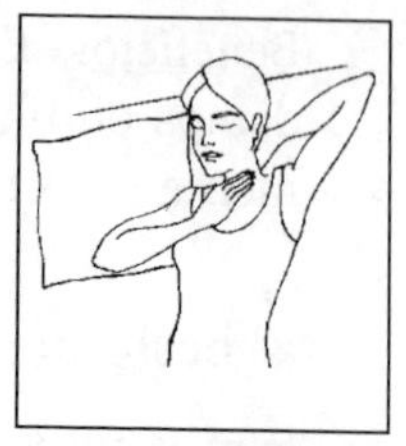

6ª Posição: GARGANTA E PESCOÇO (você)

Ao tratar outra pessoa: O mesmo. A borda da mão deve repousar *de leve* sobre as clavículas do paciente e não lhe apertar descuidadamente a traquéia. Fique muito atento ao pôr as mãos nessa posição.

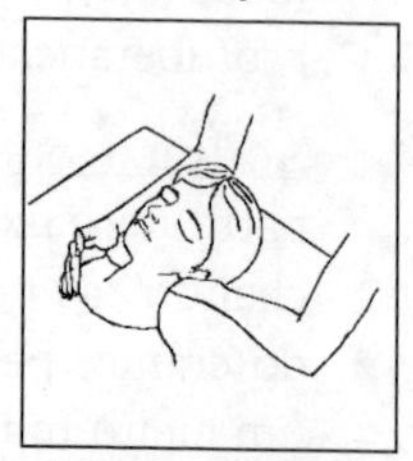

6ª Posição: GARGANTA E PESCOÇO (outros)

Benefícios: Esta posição é excelente para tratar dores de garganta, laringite e problemas semelhantes.

7ª posição:

Para o autotratamento: Agora, comece a descer as mãos em "escada" pela linha central do tronco. Primeiro, a mão que estava sobre a garganta desce quase imperceptivelmente de modo a colocar-se sobre a tireóide, na pequena concavidade abaixo da traquéia. A outra mão se coloca logo abaixo da primeira, de modo a cobrir também o timo, que se localiza exatamente no ponto médio entre a tireóide e o coração.

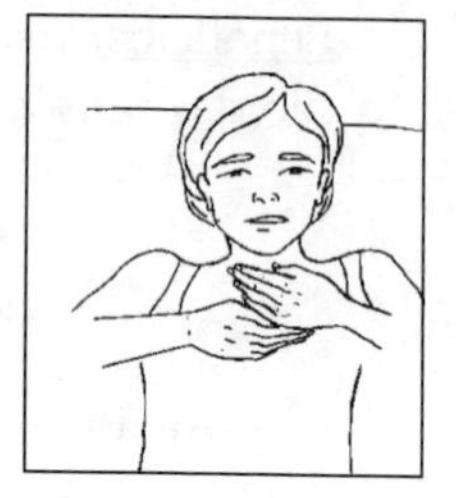

7ª Posição: TIREÓIDE/ TIMO (você)

Ao tratar outra pessoa: O mesmo.

Benefícios: Fortalece o metabolismo celular e tonifica a circulação; sendo o timo intimamente ligado ao sistema imunológico, esta posição também fortalece nossas defesas contra os microorganismos invasores.

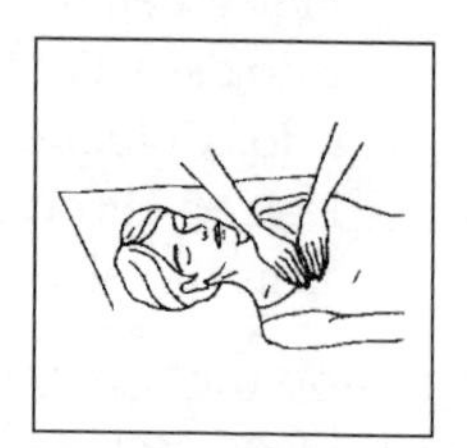

7ª Posição: TIREÓIDE/ TIMO (outros)

8ª posição:

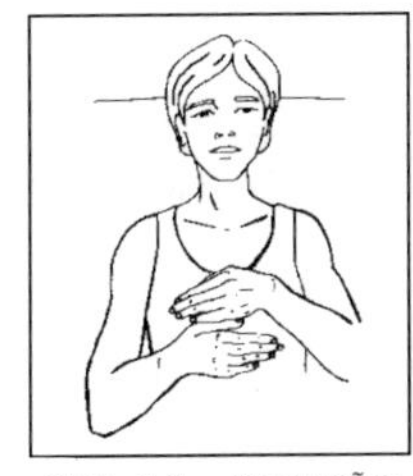

8ª Posição: CORAÇÃO (você)

Para o autotratamento: Desça as mãos em "escada" uma posição, em linha reta, de modo a cobrir agora o coração.

Ao tratar outra pessoa: Idem. Nota: Para tratar uma mulher, você pode pôr uma das mãos na vertical entre os seios e a outra mão abaixo dela, de modo a formar um "T".

Benefícios: Esta posição é boa para tratar complexos de rejeição e resistência ao amor. É boa também para o tratamento de quaisquer problemas do coração.

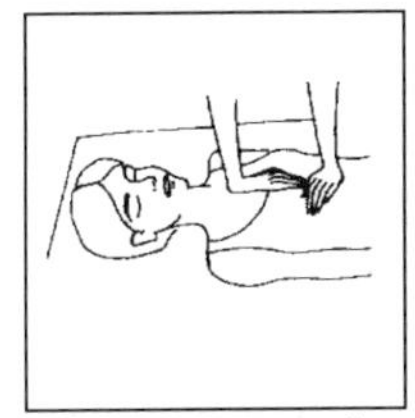

8ª Posição: CORAÇÃO (outros)

9ª posição:

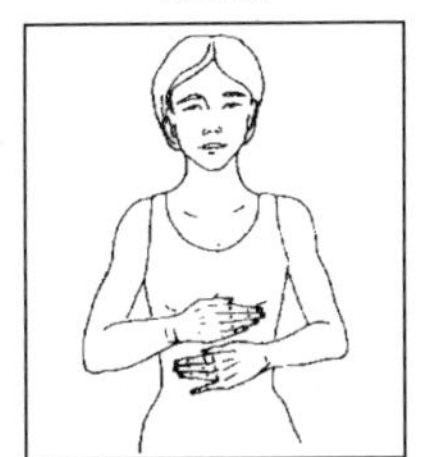

9ª Posição: PLEXO SOLAR (você)

Para o autotratamento: Mais uma vez, desça as mãos "em escada" até colocá-las acima do plexo solar (logo abaixo do coração).

Ao tratar outra pessoa: O mesmo.

Benefícios: Esta posição ajuda a aliviar dores do estômago e tensões nervosas. No nível energético, colabora para a resolução de questões relacionadas com o poder e a sabedoria.

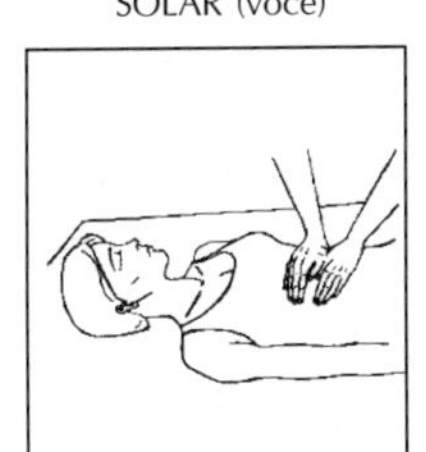

9ª Posição: PLEXO SOLAR (outros)

10ª posição:

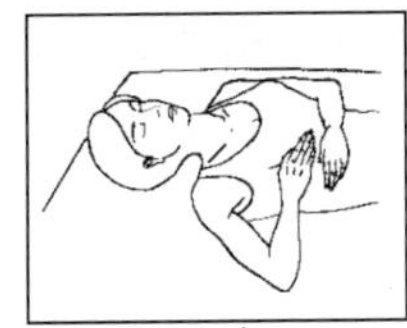

10ª Posição: FÍGADO E VESÍCULA BILIAR (você)

Para o autotratamento: Neste ponto, eu paro de descer em linha reta pela linha média do tórax e cubro os quatro "cantos" deste, começando com o fígado, bem à direita do plexo solar. Ponha uma das mãos sob as últimas costelas inferiores do lado direito e a outra mão abaixo dessa. Assim tratamos tanto o fígado quanto a vesícula biliar.

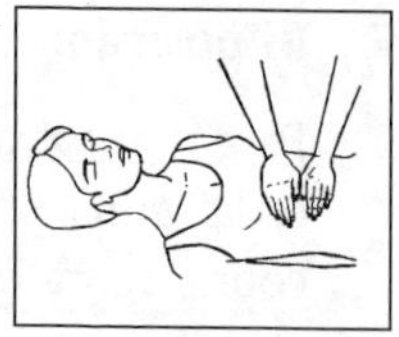

10ª Posição: FÍGADO E VESÍCULA BILIAR (outros)

Ao tratar outra pessoa: O mesmo.

Benefícios: Sempre que estiver com raiva ou sentir que a outra pessoa está com raiva, é importante tratar o fígado e a vesícula biliar. Esta posição também colabora com a desintoxicação geral do organismo.

11ª posição:

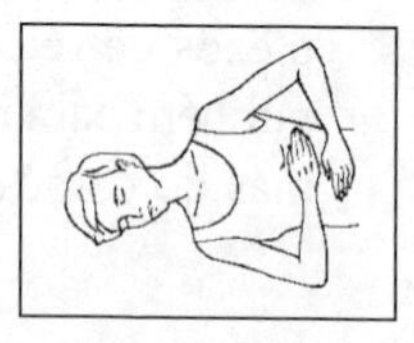

11ª Posição: BAÇO E PÂNCREAS (você)

Para o autotratamento: Faça o mesmo que na 10ª posição, só que desta vez do lado esquerdo. Em outras palavras, ponha uma mão sobre as costelas inferiores e a outra logo abaixo dela. Assim, estará tratando o baço e o pâncreas.

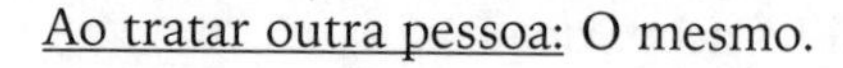

Ao tratar outra pessoa: O mesmo.

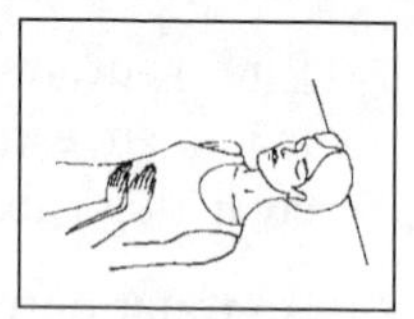

11ª Posição: BAÇO E PÂNCREAS (outros)

Benefícios: Especialmente importante em casos de diabetes.

12ª posição:

12ª Posição: PULMÕES (você)

Para o autotratamento: Coloque cada uma das mãos na parte superior do pulmão correspondente.

Ao tratar outra pessoa: O mesmo.

Benefícios: Posição especialmente importante para os fumantes e os que moram em cidades poluídas. Importante também para os asmáticos.

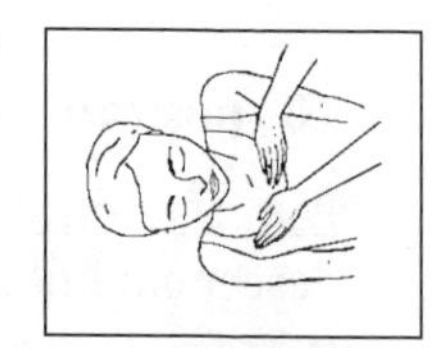

12ª Posição: PULMÕES (outros)

13ª posição:

Para o autotratamento: Volte agora a descer as mãos "em escada" pela linha média do corpo: coloque uma mão sobre o umbigo e a outra imediatamente abaixo dela.

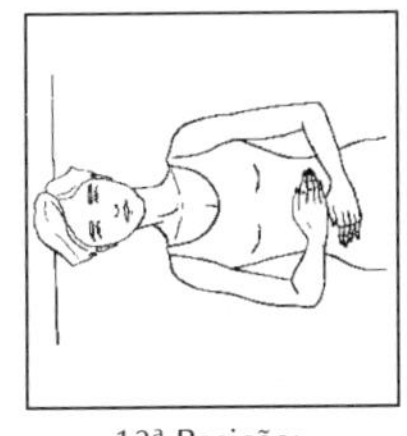

13ª Posição:
UMBIGO (você)

Ao tratar outra pessoa: O mesmo. Saiba que os homens, nesta posição, tendem a absorver muita energia em virtude de estarem condicionados e reprimir seus sentimentos. O tratamento nesta área faz surgirem sentimentos fortes que precisam ser sentidos. Esta área, assim como o coração, é útil para o tratamento da depressão (que não é um sentimento, mas a repressão de diversos sentimentos).

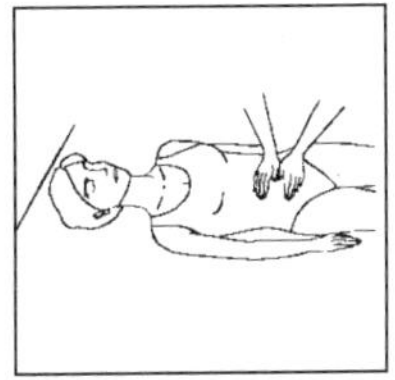

13ª Posição:
UMBIGO (outros)

Benefícios: Esta posição é importante para trazer à tona sentimentos que você ou o paciente reprimem e não admitem ter; é indicada também para quaisquer problemas digestivos.

14ª posição (para mulheres):

Para o autotratamento: Disponha as palmas das mãos em V, apontando-as uma para a outra e tocando com a ponta dos dedos a parte superior do osso púbico. Com isso, estará tratando o útero e os ovários.

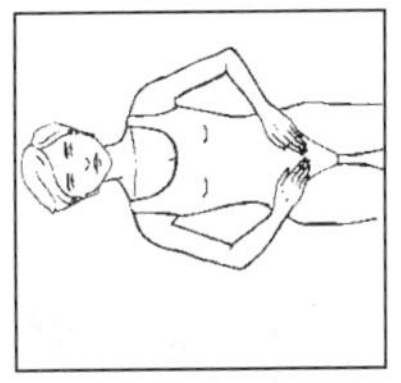

14ª Posição (mulheres):
OVÁRIOS (você)

Ao tratar outra pessoa: Crie com as mãos a forma de um crescente, de modo que elas acompanhem a curva inferior do abdômen e se alinhem com o osso púbico.

Benefícios: Esta posição previne os cistos do ovário da meia-idade em diante; com o tempo, pode também equilibrar as desarmonias sexuais contidas em nível celular nessa região do corpo.

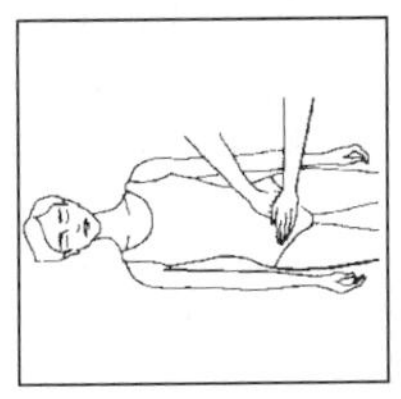

14ª Posição (mulheres):
OVÁRIOS (outras)

14ª posição (para homens):

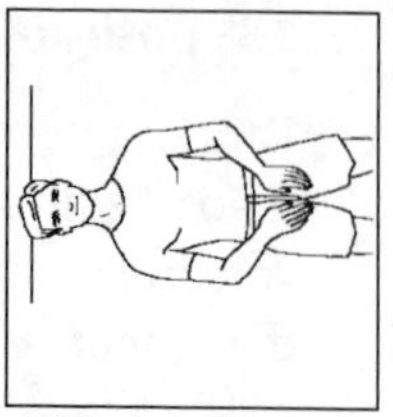

14ª Posição (homens): GENITAIS (você)

Para o autotratamento: Cubra os genitais com as mãos.

Ao tratar outra pessoa: Você pode suspender as mãos acima dos genitais do paciente ou, se preferir, apoiar as mãos sobre os nodos inguinais, ou seja, as pequenas glândulas localizadas na fossa inguinal, entre a parte superior das coxas e a base dos órgãos genitais (na ligação entre a perna e a pelve). O mais fácil é apontar a palma das mãos uma para a outra, deixando-as porém separadas sobre as fossas inguinais em cada um dos lados do corpo.

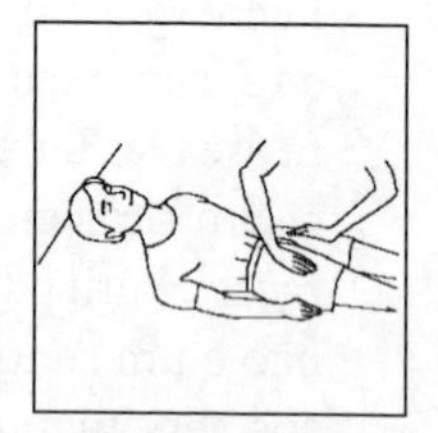

14ª Posição (homens): GENITAIS (outros)

Benefícios: Esta posição previne os problemas da próstata da meia-idade em diante. Promove também uma sexualidade masculina forte e saudável e dissolve todas as fixações agressivas que representam, na verdade, outros tantos sinais de um medo inconsciente de ser uma pessoa fraca.

15ª posição:

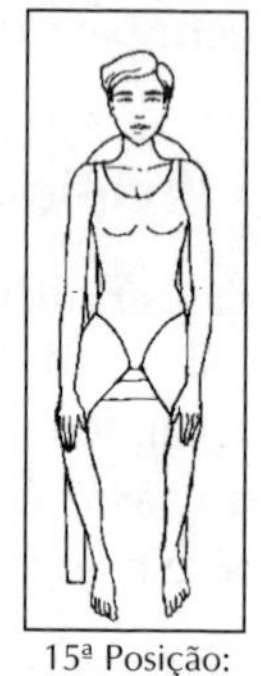

15ª Posição: JOELHOS (você)

Para o autotratamento: Se você estava deitado, agora vai precisar sentar-se. Cubra os joelhos com as mãos. (Esta posição também pode ser praticada quando você estiver sentado à escrivaninha ou no ônibus.)

Ao tratar outra pessoa: Idem. Se estiver usando uma maca, a esta altura você deve se sentar confortavelmente para tratar a outra pessoa.

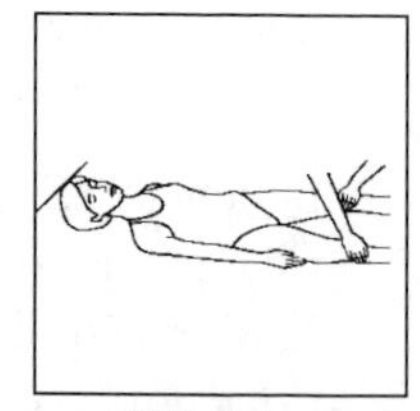

15ª Posição: JOELHOS (outros)

Benefícios: Trata-se de uma posição importante para quantos vivem neste mundo cheio de tensões. Na psicologia corporal, os joelhos representam o medo da mudança (que inclui o medo da morte física e da morte do ego). Atualmente, a mudança nos atinge a todos num ritmo tão intenso que os joelhos sempre podem ser objetos de uma atenção a mais.

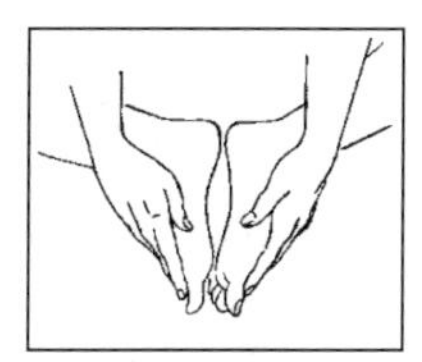
16ª Posição:
PEITO DOS PÉS (você)

16ª posição:

Para o autotratamento: Trate o peito dos pés colocando uma mão em cima de cada pé.

Ao tratar outra pessoa: O mesmo.

Benefícios: Os pés têm pontos relacionados com o corpo inteiro.

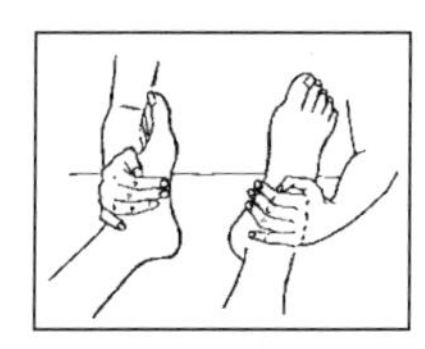
16ª Posição:
PEITO DOS PÉS (outros)

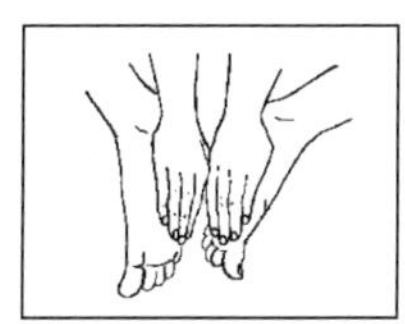
17ª Posição:
SOLAS DOS PÉS (você)

17ª posição:

Para o autotratamento: Trate a sola dos pés colocando uma mão sob cada pé.

Ao tratar outra pessoa: O mesmo.

Benefícios: O tratamento dos pés é um tratamento resumido para o corpo inteiro. Também serve para você "pôr os pés no chão".

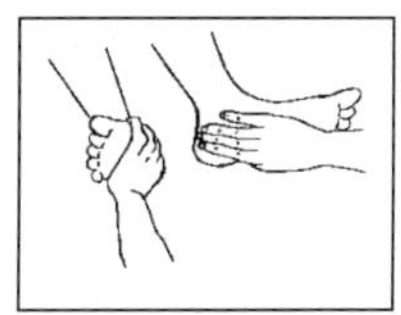
17ª Posição: SOLAS DOS PÉS (outros)

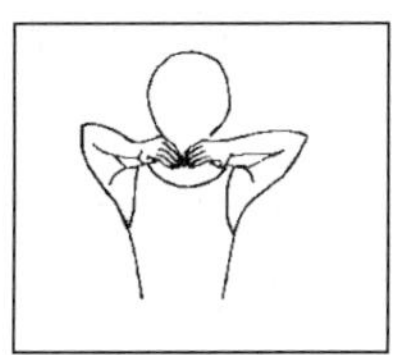
18ª Posição:
OMBROS (você)

18ª posição:

Para o autotratamento: Coloque as mãos sobre os ombros fazendo com que as pontas dos dedos se toquem, de modo que cubram a parte de cima da coluna, sobre a sétima vértebra cervical. Cruze os braços se isso lhe facilitar a posição.

Ao tratar outra pessoa: Faça com as mãos a forma de um crescente, encostando a ponta dos dedos de uma mão na base da outra e inclinando uma delas de modo a formar um V bem aberto, tendo o vértice no ponto de encontro das duas mãos, sobre a nuca.

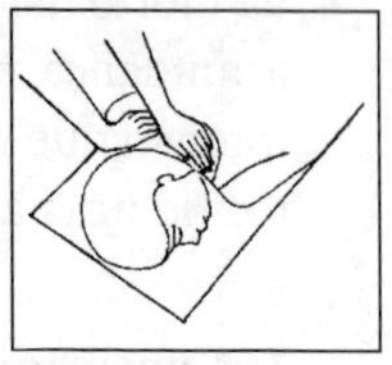
18ª Posição: OMBROS (outros)

Benefícios: Esta posição é especialmente importante para aquelas pessoas (especialmente mulheres) que tendem a carregar sobre os ombros o peso do mundo (o que lhes causa, é claro, muita tensão e muita dor, ou mesmo nós de tensão nos músculos, que podem provocar enxaquecas).

19ª posição:

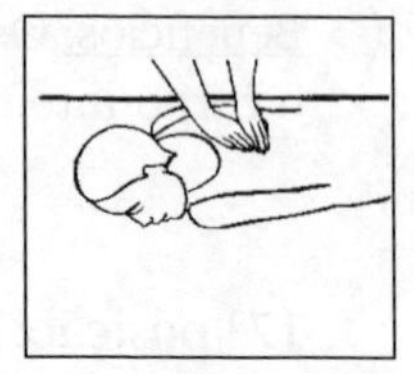
19ª Posição: ATRÁS DO CORAÇÃO (outros)

Para o autotratamento: Impossível.

Ao tratar outra pessoa: Coloque ambas as mãos sobre as costas na altura do coração.

Benefícios: Nunca é demais dar ao coração um tratamento suplementar.

20ª posição:

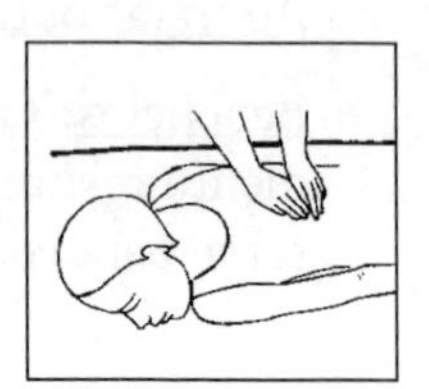
20ª Posição: ATRÁS DO PLEXO SOLAR (outros)

Para o autotratamento: Em geral, impossível.

Ao tratar outra pessoa: Coloque ambas as mãos sobre as costas, na altura do plexo solar.

Benefícios: Ajuda a resolver as questões ligadas ao poder e à sabedoria.

21ª posição:

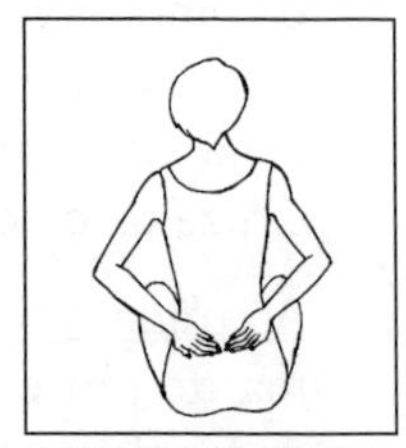
21ª Posição: RINS/ SUPRA-RENAIS (você)

Para o autotratamento: Coloque ambas as mãos sobre a área dos rins e das glândulas supra-renais. Os rins localizam-se cerca da largura de uma mão acima da concavidade inferior das costas, em ambos os lados do corpo. Logo em cima dos rins ficam as glândulas supra-renais.

Ao tratar outra pessoa: O mesmo. Coloque uma mão em cima de cada um dos rins, cerca de quatro dedos acima da concavidade inferior das costas. As mãos devem estar horizontalmente alinhadas.

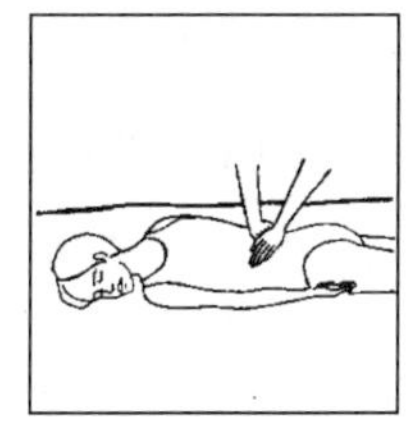

21ª Posição: RINS/ SUPRA-RENAIS (outros)

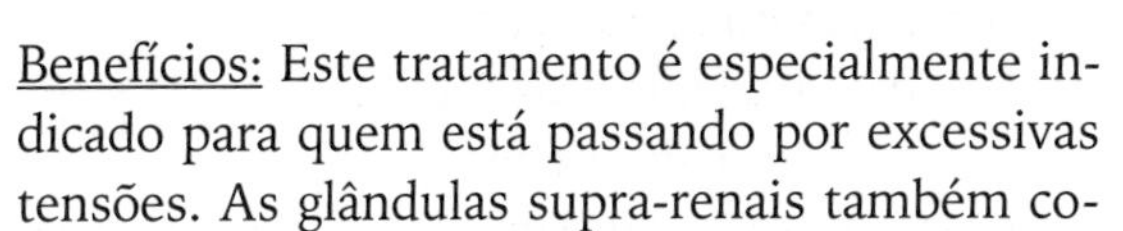

Benefícios: Este tratamento é especialmente indicado para quem está passando por excessivas tensões. As glândulas supra-renais também colaboram com a função renal e fortalecem os ossos, a medula óssea e a coluna. (Nota: o medicamento chamado cortisona destrói as glândulas supra-renais, causando anemia e enfraquecimento dos ossos!)

22ª posição:

Para o autotratamento: Coloque ambas as mãos na concavidade da parte inferior das costas.

Ao tratar outra pessoa: Coloque as mãos sobre a cintura do paciente, nas costas, deixando as mãos horizontalmente alinhadas (a ponta dos dedos de uma tocando a base da outra).

Benefícios: Ajuda a aliviar os problemas da região lombar.

23ª posição:

Para o autotratamento: Coloque as mãos sobre a protuberância dos ossos sacro e ilíaco.

Ao tratar outra pessoa: Coloque as mãos alinhadas horizontalmente sobre a parte mais baixa das costas do paciente, na altura do osso sacro. As mãos devem formar um V bem aberto ou uma forma de crescente para acompanhar a leve curva da parte superior dos músculos glúteos.

Benefícios: Ajuda a aliviar as tensões na base da coluna, ao redor do osso sacro.

24ª posição:

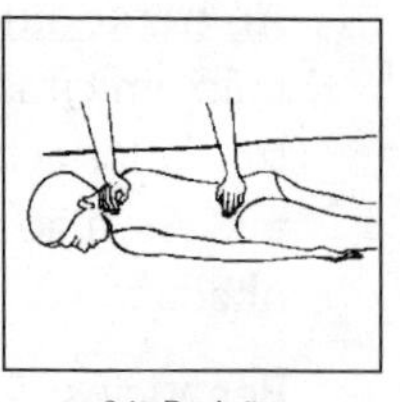

24ª Posição: EQUILÍBRIO

Para o autotratamento: Impossível.

Ao tratar outra pessoa: Para completar o tratamento e equilibrar as energias da coluna, deixe uma das mãos suspensa três ou quatro centímetros acima do osso sacro do paciente e sinta qual é o ponto que parece absorver mais energia. Coloque-a então sobre esse mesmo ponto do osso sacro. Deixe a outra mão suspensa sobre a área da sétima vértebra cervical (C7), na base do pescoço, até perceber qual é o ponto em que a energia parece mais forte. Coloque-a ali. Sinta ambas as mãos até perceber que o calor, a vibração, o formigamento ou a pulsação estão iguais em ambas, ou até simplesmente intuir que as energias dos dois pontos estão em perfeito equilíbrio. Então, bem devagar, sem perturbar o campo energético do paciente, retire as mãos do corpo dele. Faça um V com os dedos indicador e médio de uma das mãos e passe-os rapidamente pelas costas do paciente, de cima abaixo, várias vezes, a fim de estimular a circulação e despertar a pessoa. (Se a pessoa tirou um cochilo, esse movimento pode ser feito com muita leveza.)

Benefícios: Esta posição equilibra o fluxo das energias em toda a coluna.

CAPÍTULO 9

Reiki II — O Tratamento da Mente

> Só o desejo de Liberdade pode ajudá-lo,
> porque você é o que você pensa.
> Se você pensar para destruir a mente,
> a mente será a destruidora, não a destruída.
> Pense somente em Liberdade, e você será a Liberdade.
>
> — PAPAJI

Como a mente se distribui pelo corpo inteiro, a doença numa parte específica do corpo é indício de um bloqueio mental também específico. O sofrimento contido no peito, por exemplo, pode gerar um tumor no seio; a rigidez mental pode gerar artrite nas articulações; e assim por diante. Para eliminar a doença no corpo, é preciso aplicar a energia da força vital aos pontos em que se coagulam as energias dos hábitos e padrões mentais e emocionais.

Tratar a mente com o Reiki de Segundo Grau é liberar a corrente mental dos grilhões de lembranças e emoções há muito soterradas. Quando nos abrimos ao amor e ao poder transformador da Energia Universal da Força Vital, esses resquícios de antigos traumas e mal-entendidos como que se soltam de nós. Também nós nos soltamos deles, pois o Reiki trata tanto a pessoa que se apega quanto o objeto do apego. Quando tratamos a mente desse modo, expressamos o nosso desejo de liberdade de maneira prática, aceitando plenamente as coisas como elas são e deixando de lado a vontade de tentar destruir o ego. Já que o ego não tem mesmo uma substância real, o melhor é deixá-lo do jeito que está e encarar suas idiossincrasias com bom humor, em vez de resistir a ele e, assim, ajudá-lo a permanecer.

Quando voltamos nossa atenção para o momento mesmo em que nossos hábitos mentais se cristalizaram e tratamos esse momento com o Reiki de Segundo Grau, não estamos tentando destruir nada — nem os nossos hábitos nem muito menos a nossa mente. Na verdade, estamos deixando que tudo continue como está. Simplesmente notamos as coisas, transmitimos-lhes o nosso amor, deixamos que venha à tona o que está lá dentro e deixamos que os sentimentos passem através de nós. Se tentássemos usar o Reiki para destruir os hábitos mentais, ou mesmo o próprio ego, isso seria como tentar transformar a Energia Universal da Força Vital num invasor armado. Isso, além de impossível, é uma contradição em termos. Trata-se de uma motivação inconcebível para o Reiki, pois vai contra o próprio espírito do Reiki. O Reiki nos habilita a nos desviar das acrobacias da mente, do mesmo modo que o mestre de aikidô se desvia de seu adversário dando nova direção à sua energia.

Com o Reiki de Segundo Grau, somos obrigados a admitir que, por sermos feitos de energia, somos livres das limitações comuns do tempo e do espaço. Somos livres para fazer contato com qualquer coisa, por mais remota que ela pareça estar no tempo ou no espaço. Com a liberdade intrínseca ao Reiki de Segundo Grau, ficamos bem equipados, na prática, para explorar toda a liberdade do nosso verdadeiro ser. Pensando em Liberdade, nós somos a Liberdade.

Os Aspectos Básicos do Segundo Grau

Depois de usar o Reiki de Primeiro Grau durante vários meses, a mudança positiva da sua vida talvez o inspire a passar para o Segundo Grau. As habilidades adquiridas pela aplicação do Primeiro Grau fornecem à pessoa um importante instrumento de cura e controle do *stress*. A mente fica cada vez mais tranqüila e nos sentimos mais vivos e vibrantes. Quando temos a oportunidade de tratar muitas pessoas diferentes, os comentários positivos que os familiares e amigos satisfeitos inevitavelmente nos fazem levam-nos a querer ainda mais.

Em virtude da tranqüilização da mente e da aceleração da energia da força vital, muitas doenças podem ser curadas com o Reiki de Primeiro Grau. Vez por outra, porém, temos certos problemas físicos ou emocionais profundamente arraigados que podem melhorar com os instrumentos postos à nossa disposição pelo Reiki de Segundo Grau. O Segundo Grau nos habilita a eliminar os bloqueios mentais e a aplicar o tratamento energético à distância. Consiste ele numa única iniciação ou transmissão de poder que ajuda a compatibilizar os corpos energéticos físico e etérico com uma freqüência mais fina da Energia Universal da Força Vital. Além disso, no Segundo Grau são transmitidos três símbolos sagrados que agem como suportes de concentração para a mente, capacitando o praticante a criar uma ponte entre o seu coração e o coração da outra pessoa, ponte essa sobre a qual a energia pode passar. Habilitamo-nos assim a fazer aplicações de energia em pontos distantes do espaço e também em pontos localizados no passado ou no futuro, no tempo.

O Segundo Grau não é um Instrumento de Manipulação do Destino

Numa palestra que dei recentemente, um senhor de meia-idade confessou-me sua frustração. Disse-me ele que, embora tivesse aplicado à situação muita energia através do Reiki de Segundo Grau, seu filho ainda não havia sido aceito na escola particular que ele queria. Então ele me olhou nos olhos e quis que eu concordasse: "Isso não prova que o sistema como um todo é ineficaz?"

Eu disse: "Não. Prova simplesmente que o seu filho não deve entrar na escola que o senhor quer." Como no Primeiro Grau, o resultado dos tratamentos de Segundo Grau não pode ser garantido. Entretanto, por ser o Reiki a própria Energia Universal da Força Vital, seja o resultado qual for, você pode ter certeza de que ele é o melhor para todos os envolvidos. Essa garantia pode ser dada. Assim, quando você usar o Segundo Grau para mudar um acontecimento futuro, criando uma "ponte" através da qual a energia possa passar, mantenha a mente aberta. Pode até ser que você tenha em mente um determinado resultado, mas saiba que algo ainda melhor pode acontecer. O melhor é se desapegar de qualquer resultado preconcebido. Voltando ao nosso exemplo, sugeri a esse senhor que simplesmente deixasse que a situação absorvesse o Reiki com a intenção de que a melhor escola para o filho dele o aceitasse, tanto para o bem dele como para o de todos os envolvidos. Assim, o Reiki pode atuar como um instrumento que irá ajudá-lo a realizar o seu destino na vida. Essa abertura é uma atitude adequada para se enfrentar qualquer desafio.

O Segundo Grau Aprimora a Percepção Sensorial e Extra-Sensorial

Os aspectos mais importantes do Segundo Grau são os instrumentos que o habilitam a aplicar tratamentos à distância em você mesmo, a fim de resolver os traumas do passado. Com a iniciação ou transmissão de poder do Segundo Grau, a sua consciência aumenta. Com isso, você se torna mais capaz de fixar a atenção e voltá-la para a causa radical de toda doença e sofrimento: a aflição mental e emocional.

Como acontece depois das iniciações de Primeiro Grau, também depois das de Segundo Grau acontece um processo de purificação de 21 dias, enquanto o corpo e a mente se adaptam à nova freqüência energética. Se a pessoa aplicou muitos tratamentos de Primeiro Grau por um tempo suficiente, a mudança energética será evidente. Muitos relatam um aumento da capacidade intuitiva já no primeiro mês depois de receber a iniciação de Segundo Grau. Para alguns esse aumento é imediato. Cada pessoa nasce com o seu próprio ponto forte. Algumas tendem mais à clariaudiência, outras à clarividência, outras ainda à clarissentiência. Qualquer que seja a capacidade da pessoa, ela é intensificada pelo Segundo Grau.

Infelizmente, certas pessoas se impressionam tanto com essas capacidades, que na realidade constituem apenas o "jardim-de-infância" do desenvolvimento espiritual, que muitas vezes querem correr e passar logo ao Terceiro Grau, pensando erroneamente que este há de aumentar ainda mais o seu "poder". A verdade é que o Terceiro Grau (o grau de professor ou mestre) tem muito mais a ver com o servir aos outros e com uma espécie de renúncia ao poder!

O Segundo Grau aumenta a nossa sensibilidade de modo a podermos prestar mais ajuda a nós mesmos e aos outros. Se nos perdermos no apego egóico aos *siddhis* ou poderes psíquicos que talvez se desenvolvam, estaremos dando três passos para trás na nossa caminhada espiritual. Nesse contexto, convém observar que, nos textos tântricos budistas, as capacidades psíquicas que nos parecem mais desejáveis, como por exemplo o poder de fazer objetos e situações se manifestarem na nossa vida, são classificadas de "*siddhis* mundanos ou ordinários". São vistas, não como dignos objetivos da nossa busca, mas como potenciais obstáculos no caminho. As capacidades psíquicas ou paranormais são simplesmente um subproduto do aprimoramento das energias sutis. Quando elas aparecerem, use-as, se isso for adequado, mas não se apegue a elas. Quando nos deixamos fascinar, acabamos por perdê-las tão facilmente quanto as adquirimos (pelos benefícios do Segundo Grau), pois o nosso desejo de ter *siddhis* cria simultaneamente uma resistência automática a esses poderes.

A essa altura, é bom que você se lembre da sua verdadeira e primeira motivação para aprender o Reiki: ajudar os outros e assumir mais responsabilidade pela sua própria vida; dar apoio ao seu próprio crescimento e ao crescimento das outras pessoas no processo de despertar para a Liberdade que constitui o nosso verdadeiro ser. O objetivo, além disso, é o de conseguir finalmente abrir mão do principal responsável por todo o nosso sofrimento: o ego, que não existe mas persiste.

A Resolução dos Traumas através do Segundo Grau

Para esse fim, o maior dom do Segundo Grau está no poder de tratar nossos *vasanas* ou padrões, hábitos e apegos mentais. São os obscurecimentos mentais que nos mantêm identificados com o ego. Em geral, sugiro aos meus alunos de Segundo Grau que façam aplicações energéticas à distância sobre cada ano de sua vida, e especialmente sobre acontecimentos fundamentais nos quais se sentiram desmoralizados ou vítimas das circunstâncias. Na minha aula de Segundo Grau, nós efetivamente escolhemos dois incidentes traumáticos ocorridos entre a concepção e os doze anos de idade, e aplicamos-lhes o tratamento à distância.

Quando dizemos "trauma", não nos referimos somente aos traumas pesados, como espancamento ou abuso sexual na infância. Embora casos como esses tenham sido mencionados nas minhas aulas, a maioria das pessoas felizmente não sofreram traumas tão severos, e não seria conveniente tentar encontrar coisas como essas se elas não existem. Entretanto, todos nós já sofremos o trauma de sermos desrespeitados, ridicularizados, incompreendidos, ignorados, etc. Mesmo pequenos incidentes como esses podem constituir todo um conjunto de hábitos ou estrutura de comportamento que continuará regendo a nossa vida adulta e, assim, arruinando a alegria que poderíamos ter. São essas situações que têm de ser tratadas.

Nas antigas tradições xamânicas do mundo inteiro, sempre se ensinaram práticas pelas quais o xamã podia trazer de novo para si todos os fragmentos do seu ser; todos os incidentes há muito esquecidos que tinham servido para roubar o poder que na verdade lhe pertencia. Incidentes como o de ser injustamente repreendido pelo pai ou pelo professor, especialmente quando isso se repetiu muitas vezes; a perda traumática de uma avó ou de outro membro da família; qualquer incidente em que nos sentimos intimidados ou oprimidos pelos outros — todos esses incidentes podem dominar a personalidade e nos impedir de provar a verdadeira liberdade.

No nível do Segundo Grau, estimulo meus alunos a trabalhar com esses incidentes a fim de trazê-los plenamente à consciência, aprender as lições que eles têm a ensinar e, por fim, ser capazes de se desapegar deles, sacudindo o jugo deles sobre nós, jugo que prevalece enquanto eles permanecem soterrados na mente inconsciente. O trabalho persistente com esses incidentes nos habilita a depor o fardo da culpa de várias vidas e da falsa noção de obrigação.

A idéia não é apagar esses incidentes da memória, mas lembrá-los vivamente e sentir plenamente todas as lembranças e emoções que a eles se vinculam. Fazemos isso a tal ponto que passamos a encarar esses incidentes de um ponto de vista completamente diferente e mais realista; livramo-nos de todos os sentimentos de termos sido vítimas da situação. Assim, reassumimos o poder interior que naturalmente nos pertence.

A Prática de Resolução de Antigos Traumas

Para começar, é melhor escolher incidentes de que somos capazes de nos lembrar conscientemente, como, por exemplo, o primeiro dia de aula na escola, quando nos sentimos encabulados e sem fala. Geralmente, eu me visualizo com essa idade e imagino o rosto que eu tinha na época. Uso os três símbolos para criar a ponte e deixo que a minha consciência se concentre no incidente.

Sentada com as costas retas, com as mãos suavemente côncavas e postas palma contra palma, imagino o incidente inteiro contido entre minhas mãos, absorvendo tanta energia quanto for necessário. Enquanto isso, deixo que a minha consciência volte no tempo até o incidente em questão. Uso meus cinco sentidos para imaginar o lugar e as pessoas: visualizo o ambiente; sinto as texturas e ouço os sons ou a música que estava tocando no rádio; sinto os cheiros e sinto o gosto dos alimentos que eu costumava comer.

Os cinco sentidos são utilizados para despertar os pensamentos e sentimentos da época. Quando o incidente vai se apresentando, a primeira coisa que faço é testemunhar o acontecimento em si, sentindo tudo o que senti na época, mas atuando principalmente como uma observadora. Por fim, assumo uma postura mais ativa e "cuido" da criança que eu fui.

Posso, por exemplo, dar a mim mesma quando criança uma explicação de por que aquela pessoa agiu de maneira injusta, explicação que não foi dada na época. Vejo-me como adulta dando a mim mesma quando criança o abraço ou as palavras de consolo que eu precisava receber mas nunca recebi. E mais: nunca tento explicar o "mau" comportamento do adulto pelo fato de eu mesma ter sido "má" — mesmo que tenha feito algo errado e tenha sido punida injustamente. Limito-me a explicar a mim mesma como criança a ação ou as palavras inadequadas do adulto, para poder ver o incidente de maneira mais global.

Se, por exemplo, você apanhou por ter quebrado o vaso predileto de sua mãe e ficou traumatizado com o incidente, é importante deixar bem claro para a criança que a mãe, naquela época, estava exageradamente tensa, e que não teve na verdade a intenção de "descontar" sua tensão na criança; ou que o incidente a deixou com raiva porque o vaso lhe fora dado de presente por uma pessoa especial. Essas explicações, e outras semelhantes a elas, colaboram para encaixar o acontecido num quadro maior. E isso é importante, pois impede que o espancamento materno seja entendido como algo que naturalmente era devido a uma criança "má" — idéia essa que só serve para que você se identifique cada vez mais como uma pessoa igualmente "má".

A Nova Visão do Incidente Dissolve a Identificação com o Trauma

Há muitos incidentes como esse na infância. Eles podem parecer insignificantes, e em certo sentido são mesmo. Porém, quando você os soma ou se lembra do modo pelo qual os interpretou quando era criança, constata que eles colaboraram para criar um certo sentimento que você tem por você mesmo. Lembre-se: a intenção não é dizer que a mamãe, o papai, a professora ou seja lá quem for eram pessoas más e injustas. Afinal de contas, cada pessoa sempre faz o melhor que pode dentro do condicionamento que teve até esse determinado momento. O importante é contextualizar corretamente o comportamento dessas pessoas para não continuar "levando esses incidentes para o lado pessoal".

Você também pode conversar com você mesmo como criança, como eu fiz, certa vez, com uma sobrinha que tinha sofrido as conseqüências do comportamento doentio de uma professora. A professora estava traumatizando todos os seus alunos sempre que eles precisavam ir ao banheiro. Quando uma criança precisava ir, era forçada a escrever 100 vezes no quadro negro: "Não vou fingir que tenho de ir ao banheiro." Depois de vários incidentes como esse e de outros semelhantes, minha sobrinha mudou de escola. Na época, achei que era importante explicar para ela que nem todas as pessoas que têm corpo de adulto são mentalmente saudáveis. Expliquei que a professora provavelmente tinha tido pais muito doentes e que só estava reproduzindo com seus alunos o modo pelo qual tinha sido tratada na infância. Embora minha sobrinha só tivesse sete ou oito anos de idade na época, expliquei-lhe o quanto é importante enfrentar os adultos doentes e fazer o que lhe parecesse correto na situação. Ensinei-a a olhar para os olhos do adulto e dizer: "Isso não é um comportamento amadurecido, digno de um adulto!" — caso se encontrasse de novo em situação semelhante.

As crianças têm de agüentar muitas coisas erradas por parte dos adultos e, em certas circunstâncias, não há nada que possam fazer para se defender. Quando não existem alguns adultos saudáveis por perto para ajudá-las a entender o que está acontecendo, a repetição de situações humilhantes acaba por ter um efeito sobre a criança. Mesmo nas famílias "saudáveis", boa parte dos comportamentos inconscientes envolvem algum grau de manipulação através da culpa e da idéia de obrigação. Não admira que as duas principais questões de todas as pessoas sejam a necessidade de segurança e a necessidade de aprovação. Para sermos realmente livres, temos de nos livrar dessas duas necessidades. Com o uso metódico do Segundo Grau, sobre cada ano da nossa vida, podemos fazer com que se dissolva boa parte da carga energética que se fixou em nós em torno desses dois temas: a segurança e a aprovação.

A Eliminação Metódica das Dúvidas e da Confusão

No decorrer de um período de vários anos, usei o Reiki de Segundo Grau para aplicar tratamentos sobre mim mesma no passado, do estágio fetal (quando assumimos muitos sentimentos da nossa mãe) em diante. Tratei cada um dos anos da minha infância, mesmo que não tivesse desse ano uma lembrança específica; às vezes, o simples fato de canalizar energias para uma determinada idade despertava lembranças a serem processadas. Sempre me concentrei nos incidentes em que me senti injustiçada ou em que, por ignorância, eu tinha sido humilhada ou menosprezada. À medida que fui avançando, lenta e gradualmente, com a ajuda do Reiki, as antigas limitações, as crenças negativas e as dúvidas que eu tinha a respeito de mim mesma foram sendo metodicamente eliminadas.

Muito embora eu tenha sido abençoada com um elevado grau de autoconfiança e pais dedicados que me davam muito apoio, aconteceu que o condicionamento social que nos leva a pensar que não somos bons o suficiente, que não sabemos o suficiente, que não temos o suficiente, etc., foi como que sendo tirado de sobre os meus ombros.

O segundo dos três símbolos do Reiki II tem a função específica de colaborar para a eliminação desses bloqueios mentais. Assim, quando você o usa para fixar a sua atenção num determinado assunto, os resultados são impressionantes.

Lembro-me de algo que aconteceu numa aula minha há cerca de dez anos. Uma mulher tinha acabado de fazer o tratamento à distância de um incidente traumático que ocorrera quando ela tinha cinco anos. Ela tinha lágrimas nos olhos e soltou um grande suspiro de alívio. Disse: "Paula, você não vai acreditar. Acabei de fazer um tratamento em mim mesma na época da morte de minha mãe. Naquela época, eu não tinha pessoas de confiança que pudessem me consolar. Quando abri os olhos ao terminar o tratamento, depois de ter dado muito amor àquela criança sofredora, depois de tê-la pego nos braços, tive uma lembrança muito clara de mim mesma naquela época, vendo-me como a adulta que sou hoje que voltava para me socorrer." Foi uma experiência total de *déja-vu*. Todos nós ficamos arrepiados quando a ouvimos contar a história, pois o assombro dela era palpável.

Esse é só um exemplo de como o Reiki de Segundo Grau pode nos ajudar a ver o que há do outro lado dos véus do tempo e do espaço, que na verdade não passam de conceitos que descrevem o modo de percepção linear dos seres humanos.

Transcendendo o Tempo e o Espaço

Por fim, depois de usar o Segundo Grau por alguns anos para resgatar e eliminar antigos hábitos, você pode descobrir um segredo: que na verdade não há tempo nem espaço a serem transpostos, que eles na verdade não existem! A mente humana, apegada aos cinco sentidos, tem dificuldade para compreender que não existe passado, nem presente, nem futuro, que só existe o eterno agora; que na verdade todas as coisas estão acontecendo ao mesmo tempo. Não é fácil compreender que passado, presente e futuro são simultâneos. Porém, se você pensar em Nostradamus, em Edgar Cayce ou nos Rishis védicos, que tinham a capacidade de ver o futuro, vai começar a perceber que essa visão deles era na verdade somente uma super visão periférica! Depois de usar muitas vezes os instrumentos do Reiki II para se desfazer dos seus principais apegos, você começa a entrar em contato com a felicidade e a paz que estão por trás de todo o drama da superfície. Uma grande mudança começa a acontecer. Depois de trabalhar com muitos incidentes, a lembrança dos acontecimentos passados se torna nítida e clara como água.

Enquanto você observa cada um dos incidentes em que alguém o humilhou, percebe também a motivação das pessoas para fazer isso: uma crença inconsciente na própria nulidade. Quando as repetições vão deixando isso claro, fica mais fácil não encarar esses incidentes como ofensas pessoais e também não deixar que a nossa vida cotidiana seja povoada de reações a uma ignorância ou insensibilidade semelhantes àquelas.

A Unidade Torna Supérflua a Necessidade de Proteção

O que constatei na minha própria vida é que, lentamente, parei de precisar do ego para me proteger, à medida que foi ficando claro que não existe um "outro" de quem eu tivesse de me proteger. Fui cada vez mais tomada por um sentimento de paz. Percebo claramente que, na verdade, o ego não existe; que é somente uma estrutura para garantir que cada ator da "peça" represente o seu papel, a maior parte do tempo em piloto automático. Para mim é evidente que não existe um "eu" que possa se orgulhar ou se sentir culpado; não existe um "agente" isolado — tudo acontece simultaneamente!

À medida que cada uma das lembranças do passado foram sendo recapituladas e trazidas para o presente, ou seja, à medida que eu as senti plenamente agora, o passado foi como que se encolhendo. Às vezes, tudo o que percebo é um grande e ilimitado presente, um gigantesco caleidoscópio de energia e forma, do próprio Reiki. Essa sensação da unidade, de todas as coisas fluindo juntas, é a verdadeira dádiva do Segundo Grau.

Reiki III — Esvaziar a Xícara Vazia

Ele é parte de tudo, e não obstante tudo já foi transcendido;
Só por conveniência ele é chamado de mestre.
Quem ousaria dizer que o encontrou?

— MESTRE ZEN CHIKUSEN

O barro dá apoio e estrutura, mas é o espaço vazio no meio que torna útil a vasilha. Um bom violino ou uma boa cítara são feitos de madeira de lei trabalhada por artesãos dotados de grande habilidade e experiência, mas é o espaço vazio envolvido pela madeira que permite que as cordas vibrem e dêem o som. A forma é inconcebível sem o vazio. Ela precisa envolver o vazio, do mesmo modo que precisa ser envolvida por ele. Assim, tudo nasce do vazio e a ele retorna.

Como mestre, você tem de ser vazio para poder receber seus discípulos. Precisa ser vazio para deixar que a canção silenciosa do Reiki seja cantada através de você, quer em palavras, quer no silêncio apropriado ao momento e adequado ao público a quem você se dirige. Na realidade, o ideal é que você seja tão vazio que chegue a esquecer a existência de um mestre e de um discípulo. Isso porque, se por uma fração de segundo surgirem na sua mente os conceitos de "mestre" e "discípulo", não haverá mestre algum. Em outras palavras, se você se identifica com o fato de ser um mestre de Reiki, não pode ser um mestre no sentido verdadeiro e supremo da palavra. A verdadeira maestria decorre da ausência de identificação com quaisquer fenômenos, internos ou externos. Baseia-se na percepção de que você, como todas as coisas, é inseparável do Coração do universo — da energia sutil que é o fundamento de todas as coisas: maternal, humilde e indivisa.

Desse Coração do universo nascem, naturalmente, a compaixão e a bondade, e o amor se manifesta até mesmo na raiva. Se você, como mestre iniciante no caminho do Método Usui, se esforçar para agir a partir desse Coração, e d'Ele somente, em todas as suas interações, em algum tempo você vai perceber e realizar a Verdade que sempre foi desde o início! Simplesmente confie que o seu coração já sabe o que ele precisa saber. Tudo o que lhe resta fazer é seguir a sua voz.

A Base da Transmissão

O sistema de cura do Reiki se completa com o Primeiro e o Segundo Graus. Eles lhe dão todos os instrumentos de que você precisa para absorver a Energia Universal da Força Vital para tratar a si mesmo e aos outros. O Reiki II, quando bem utilizado, evoca um tal sentido de unidade que não é necessário buscar o Reiki de Terceiro Grau para avançar mais no caminho espiritual. É por isso que, neste livro, o Terceiro Grau só merece uma breve referência no Epílogo. Embora, sob outros aspectos, seja uma parte essencial do Sistema Usui, ele não está no centro das preocupações de quem busca o Reiki somente pela cura.

Não obstante, o Terceiro Grau é também uma das pedras fundamentais do Sistema Usui. Em certo sentido, é a pedra fundamental por excelência, pois é através dele que a pessoa é habilitada a transmitir e a ensinar o Reiki, a dar iniciações e a manter pura e vibrante a linhagem de transmissão. O Primeiro e o Segundo Graus o recebem na antiqüíssima linhagem de médicos espirituais que se abriram ao poder da graça intrínseca à energia da força vital; com o Terceiro Grau, você é chamado a entrar na família dos detentores da linhagem. Quando se torna um mestre no Sistema Usui de Cura Natural, você assume a responsabilidade de transmitir a Energia Universal da Força Vital de maneira tão saudável e viva quanto você mesmo a recebeu de seu mestre. Não é tarefa fácil e não deve ser considerada como tal.

Além disso, nem todos os que buscam as iniciações do Reiki para desenvolver a cura e a autocura se interessam automaticamente por tornar-se mestres. É natural que só uns poucos se sintam chamados a dedicar boa parte do seu tempo e da sua energia para instruir e iniciar os outros. O Reiki, mesmo o Reiki III, não impõe nenhum desafio intelectual; mas é preciso ter muita experiência e uma intuição bem afiada para saber transmiti-lo na sua absoluta simplicidade, de modo que seus alunos ou discípulos se sintam motivados e inspirados a praticá-lo, tendo dele uma compreensão correta. E, mesmo assim, não existe nenhuma garantia.

É importante levar em conta que, embora seja bom ensinar, trata-se de uma atividade que às vezes também é frustrante e cansativa. É preciso muita paciência, muito amor e uma profunda devoção para servir aos outros. O professor tem de saber ouvir e se humilhar. Se você acalenta a idéia de que, se for um mestre, poderá sentar-se num trono e fazer o papel de um "guru", não queira ser mestre do Reiki. Não é assim que as coisas acontecem, muito embora haja na praça certas pessoas incapazes de se controlar, que procuram reproduzir esse antigo modelo pelo qual o suposto mestre engana a si mesmo e aos outros.

Essencialmente, quando você é um verdadeiro mestre de Reiki, você compreende que todas as coisas foram criadas iguais pela energia vital. Nesse espírito de absoluta igualdade, você se torna para seus discípulos uma espécie de espelho, que reflete a verdade do ser deles. O seu ego sai do caminho e, mesmo quando ainda se mete no meio, você o percebe, o aceita e deixa que ele passe sem julgá-lo nem resistir a ele.

Ensinando, você aprende a esvaziar a sua xícara vazia. Você treina para estar sempre disponível, aberto e vulnerável. Você se coloca em risco até que nada mais lhe reste exceto a Energia Universal da Força Vital. Quando aplicado dessa maneira, o Terceiro Grau é a pedra fundamental do Reiki, a base sobre a qual muitas pessoas podem construir sua prática com a mais absoluta confiança. É essencial que toda base seja forte, sólida e incorrupta.

A Motivação Adequada para se Buscar Iniciação no Reiki de Terceiro Grau

A única motivação aceitável para o Reiki de Terceiro Grau é o desejo sincero de ensinar. Porém, até mesmo uma motivação tão altruísta quanto essa precisa ser examinada mais de perto. Por exemplo, sobretudo nesta época tumultuada em que vivemos, muitas pessoas sentem o impulso de tentar salvar o mundo através do Reiki. Embora esse impulso seja indício de um bom coração e seja em si mesmo uma aspiração nobre e altruísta, ele ainda assim leva em si as sementes de sua própria destruição e, potencialmente, tende mais a aumentar a confusão geral do que a diminuí-la.

Se você tem a motivação de salvar o mundo, ou de salvar um ente querido, está fadado a se decepcionar. Como o seu desejo é o desejo de uma mudança, deduz-se naturalmente daí que, a seu ver, as outras pessoas não se encontram no melhor estado em que poderiam estar; por isso, num nível inconsciente (porque você não pensa conscientemente que os outros estão errados), haverá, tanto em você quanto nos outros, uma resistência a esse mesmo desejo. Você fica preso à teia da dualidade, onde a cura definitiva simplesmente não é possível.

Às vezes o desejo de ajudar ou de curar outra pessoa é na verdade a expressão de uma profunda arrogância, um sentimento de que se é superior ao outro ou melhor do que ele; assim, você sente que tem de levantá-lo ao seu nível, de fazê-lo adequar-se ao seu padrão. Entretanto, o agente de cura, e mais ainda o mestre ou professor, têm o dever de compreender plenamente, através da experiência direta, que ninguém é melhor do que ninguém, e que todos os seres e coisas são absolutamente perfeitos do jeito que estão (embora nem sempre se conformem à nossa idéia de como as coisas devem ser).

Em outras palavras, um agente de cura, e mais ainda um mestre, tem de respeitar todos os seres por serem o que são, e não por aquilo em que devem se transformar. Só esse respeito pode permitir que você ajude outra pessoa a descobrir o caminho da cura, o caminho apropriado às suas próprias circunstâncias e necessidades.

Para transformar em realidade essa aceitação ampla e esse respeito profundo, é necessária uma grande dose de autoconhecimento, um autoconhecimento que deve ser buscado antes que você se torne um mestre de Reiki. A auto-investigação que leva a esse autoconhecimento é também o campo onde você põe à prova a sua motivação de se tornar um mestre de Reiki. Você precisa observar e conhecer todos os seus complexos e os aspectos sombrios do seu ser; precisa olhar para aqueles aspectos seus que você normalmente evita contemplar. E precisa sentir todas as emoções e sentimentos reprimidos e constrangidos, não somente os bons e os alegres.

Como eu já disse, um dos objetivos de ser um mestre de Reiki é refletir para os discípulos a verdade do ser deles, que é a própria Energia Universal da Força Vital. Para ser um tal espelho, você precisa se conhecer, pois, se não tiver consciência dos seus próprios padrões e hábitos, esses mesmos padrões e hábitos vão turvar o espelho; sua tendência será projetá-los nos seus discípulos. Por outro lado, essa consciência não significa que você tenha de ser totalmente livre de todos os hábitos, o que seria impossível. Significa somente que você se dispõe a sentir e viver plenamente todas as circunstâncias que surgem na sua vida e todas as percepções, emoções e sensações que passam pelo seu ser.

Idealmente, o mestre de Reiki está disposto a sentir e a examinar a própria vida a todo instante, e está disposto a partilhar essa abertura com as outras pessoas. Sua vida e seus hábitos fertilizam o seu ensino. Você usa as técnicas do Método Usui, mas faz uso da sua vida e de alguns casos ocorridos na sua prática para ilustrar as idéias que quer transmitir. Assim, sua motivação tem de incluir a disposição de partilhar habilmente seus conhecimentos. A experiência acabará por lhe revelar, depois de um período de tentativa e erro, como você deve usar a sua vida como exemplo para o ensino, sem sobrecarregar os outros com a sua história pessoal. Esse tipo de comunicação de idéias envolve uma sinceridade total; mas, antes de poder ser sincero com os outros, você tem de aprender a ser sincero consigo mesmo, e esta é outra faceta de sua jornada de autoconhecimento antes da maestria. Temos de deixar bem claro que essa sinceridade não exige nem significa que você deva ser excessivamente crítico e duro consigo mesmo. Designa apenas a disposição de perceber o que está acontecendo dentro de você e aceitar essas coisas com amor — mesmo que você não as considere boas.

O Currículo da Formação de Terceiro Grau

Os chamados "mestres" de Reiki (alguns dos quais se intitulam até mesmo "grandes" mestres) que tentam chamar as pessoas a fazer uma "aula" de Reiki III — vendendo o Reiki a pretexto de aumentar o poder espiritual ou outra desculpa qualquer — infelizmente estão enganando seus alunos. Alguns desses mestres podem ser até muito sinceros, e devem ter sido conduzidos por um caminho de ilusão por outro mestre mal-orientado.

O Terceiro Grau não pode e não deve ser ensinado em aula, pois exige um relacionamento intenso e exclusivo com um mestre durante o período de formação. Com efeito, a situação ideal para a transmissão do Terceiro Grau é uma situação de discipulado.

Como o Reiki é uma arte de cura que afeta cada pessoa de um jeito diferente, é essencial que o futuro mestre se dedique muito à cura propriamente dita, pela imposição das mãos, a fim de desenvolver a capacidade de identificar as necessidades das mais diversas pessoas. Depois de anos de experiência de trabalho com futuros mestres, constatei que, em média, as pessoas precisam de pelo menos três anos de trabalho efetivo com o Reiki para se tornaram bons mestres. A todos os que querem aprender o Reiki de Terceiro Grau comigo, sugiro que abram uma clínica de Reiki — não um grande negócio ou uma operação em grande escala, mas um lugar simples onde se oferecem regularmente tratamentos de Reiki, para manter a energia circulando.

A prática regular do Reiki aumenta a energia vital da pessoa e ajuda o praticante a assimilar a essência do Reiki: uma mente tranqüila e um coração aberto. Essas qualidades são absolutamente necessárias para se poder transmitir as iniciações do Reiki, que são o aspecto mais essencial de todo o sistema. Sem uma mente tranqüila e um coração aberto, você não será capaz de perceber as muitas mudanças sutis de energia que podem acontecer com os seus alunos durante o processo de iniciação (ou transmissão de poder, ou sintonização). Porém, se você mesmo não ousa e não é capaz de sentir e reconhecer essas mudanças, pode impedir que seus alunos as sintam.

A parte de discipulado acontece quando o aluno ou discípulo organiza classes e participa delas. É importante ouvir e assimilar as aulas, as perguntas que são feitas e as respostas dadas — ou seja, todos os aspectos de uma aula, até que o discípulo tenha confiança suficiente para começar a ensinar por conta própria, totalmente ligado à transmissão da linhagem do Reiki, que remonta ao Dr. Usui. É essencial ouvir todas as informações e participar muitas vezes de sessões de perguntas e respostas para se ter uma idéia da gama possível de reações que as pessoas têm ao Reiki.

No Reiki, o relacionamento entre mestre e discípulo não tem aquele aspecto hierárquico pelo qual o mestre é posto acima do discípulo, do modo como algumas religiões claramente põem o clero acima do povo. O relacionamento é baseado no respeito mútuo. Entretanto, é preciso que o aspirante a mestre se sinta atraído por um mestre específico. Como num relacionamento pessoal de amizade, a "química" precisa dar certo. Naturalmente, é preciso também que haja um vínculo comum entre duas pessoas iguais e sentimentos mútuos de respeito, amor e confiança.

Por sua vez, o aspirante tem de estar disposto a ouvir e a aprender, e não deve jamais desconsiderar as sugestões do mestre. Um dos primeiros critérios do mestre espiritual tradicional para aceitar guiar outra pessoa por um determinado caminho é o de pôr à prova a disposição e a capacidade do aspirante de seguir suas instruções. É por isso que é importante que você mesmo ponha à prova o mestre *antes* de se comprometer a estudar com ele — para você ter certeza de que vai se sentir à vontade mesmo em situações incômodas, quando for desafiado pelo mestre. Quando o período de formação começar, você já não deve ter nenhuma dúvida de que o mestre só há de pedir que você faça coisas que dizem respeito ao processo de aprendizado.

A Graça da Energia Universal da Força Vital

Assim como, na verdade, não existem agentes de cura do Reiki, também não existem mestres do Reiki. Como isso é possível? Quando cura com o Reiki, você se abre para ser um canal para a transmissão da Energia Universal da Força Vital; do mesmo modo, quando ensina o Reiki, você atua como um simples espelho, que reflete ao aluno a verdade do ser dele. Em ambos os casos, quem age é a Energia Universal da Força Vital, e não o ego do agente de cura ou do mestre. Assim como não existe cura exceto a efetuada pela Graça, assim também não há ensino exceto o transmitido pela Graça da consciência, que se manifesta simultaneamente como mestre e discípulo.

Sempre que um verdadeiro mestre aparece na sua vida, você pode entender esse fato como um indício de que o seu próprio mestre interior já está pronto a comunicar novas facetas da sua própria sabedoria intrínseca e ilimitada. Em última análise, mestre e discípulo não estão separados. Por outro lado, é correto e justo que o discípulo respeite o mestre como um ser humano precioso, para ser amado e venerado. Também é benéfico que o mestre sinta o mesmo respeito pelo discípulo. Dessa maneira, eles celebram a Energia Universal da Força Vital num encontro de corações e mentes. Como nós, seres humanos, somos dotados dos cinco sentidos, precisamos conhecer a Verdade através do encontro com outros seres humanos igualmente dotados dos cinco sentidos. Nosso mestre interior só há de crescer na mesma medida em que permitirmos que nossos mestres exteriores nos ensinem — sendo a própria Vida o maior de todos os mestres.

Bibliografia

Benjamin, Ben E.: *Are You Tense — The Benjamin System of Muscular Therapy,* Pantheon Books, Nova York, 1978.
Douglas, Nik: *Spiritual Sex,* Pocket Books, Nova York, 1997.
Eisler, Riane: *Sacred Pleasure — Sex, Myth and the Politics of the Body,* Harper, San Francisco, 1995.
Eos, Nancy: *Reiki and Medicine,* Eos, Grass Lake (Michigan), 1995.
Feuerstein, Georg: *Tantra — The Path of Ecstasy,* Shambhala Publications, Boston, 1998
Goldberg, Natalie: *Wild Mind — Living the Writer's Life,* Bantam Books, Nova York, 1990.
_______: *Writing Down the Bones,* Shambhala Publications, Boston, 1986.
Green, Barry: *The Holistic Body Therapy Textbook,* Body-Mind Enterprises, San Diego, 1984.
Gyaltrul Rinpoche: *Natural Liberation — Padmasambhava's Teachings on the Six Bardos,* Wisdom Publications, Boston, 1998.
Haberly, Helen: *Reiki — Hawayo Takata's Story,* Archedigm Publications, Olney (Maryland), 1990.
Horan, Paula: *Abundance Through Reiki,* Lotus Light, Twin Lakes (Wisconsin), 1995.
_______: *Core Empowerment — A Course in the Power of Heart,* Full Circle Publishing, Nova Delhi, 1998.
_______: *Empowerment Through Reiki,* Lotus Light, Twin Lakes (Wisconsin), 1990.
_______: *Reiki: 108 Questions and Answers — Your Dependable Guide for a Lifetime of Reiki Practice,* Full Circle Publishing, Nova Delhi, 1998.
Hua Ching Ni: *Esoteric Tao Te Ching,* Seven Stars Communication, Santa Mônica, 1992.
_______: *I Ching — The Book of Changes and the Unchanging Truth,* Seven Stars Communication, Santa Mônica, segunda edição revista, 1990.
Juhan, Deane: *Job's Body — A Handbook for Bodywork,* Station Hill Press, Barrytown (Nova York), 1987.
Kitagawa, Joseph, *Religion in Japanese History,* Nova York, 1966. Columbia University Press.
Kogan, Gerald: *Your Body Works — A Guide to Health, Energy, and Balance,* And/Or Press, Berkeley (Califórnia), 1980.
Lilly, John: *The Human Bio-Computer,* Abacus, Londres, 1974.
Lubeck, Walter; Petter, Frank Arjava & Rand, William Lee, *The Spirit of Reiki, The Complete Handbook of the Reiki System,* Twin Lakes, 2001. Lotus Press.
Poonja, Shri H. W. L.: *The Truth Is,* VidyaSagar Publications, San Anselmo (Califórnia), 1995.
_______: *This — Prose and Poetry of Dancing Emptiness,* VidyaSagar Publications, San Anselmo (Califórnia), 1997.
Shunyata Sarasvati e Bodhi Avinasha: *Jewel in the Lotus,* Sun Star Publishing, Taos, segunda edição revista, 1996.
Stryk, Lucien e Ikemoto, Takashi: *The Penguin Book of Zen Poetry,* Penguin Books, Londres, 1981.
Tanahashi, Kazuaki: *Moon in a Dewdrop — Writings of Zen Master Dogen,* North Point Press, Nova York, 1985.
Tarthang Tulku: *Kum Nye Relaxation,* Dharma Publishing, Emeryville (Califórnia), 1978. [*Kun Nye — Técnicos de Relaxamento*] (2 vols.), publicado pela Editora Pensamento, São Paulo, 1984.]
_______: *Space, Time, and Knowledge — A New Vision of Reality,* Dharma Publishing, Emeryville (Califórnia), 1977.
Usui, Mikao e Petter, Frank Arjava, *The Original Reiki Handbook of Dr. Mikao Usui,* Twin Lakes, 1999, Lotus Press.
Walker, Brian: *Hua Hu Ching — The Unknown Teachings of Lao-Tzu,* Harper Collins, Nova York, 1995.
Yamasaki, Taiko: *Shingon — Japanese Esoteric Buddhism,* Shambhala Publications, Boston, 1988.